汤谷良 ◎ 著

战略财务的逻辑
我的偏执

北京大学出版社
PEKING UNIVERSITY PRESS

图书在版编目(CIP)数据

战略财务的逻辑:我的偏执/汤谷良著. —北京:北京大学出版社,2011.11

ISBN 978-7-301-19599-4

Ⅰ.①战… Ⅱ.①汤… Ⅲ.①财务-文集 Ⅳ.①F23-53

中国版本图书馆 CIP 数据核字(2011)第 200174 号

书　　名:战略财务的逻辑:我的偏执
著作责任者:汤谷良　著
责任编辑:李娟
标准书号:ISBN 978-7-301-19599-4/F·2922
出版发行:北京大学出版社
地　　址:北京市海淀区成府路205号　100871
网　　址:http://www.pup.cn
电　　话:邮购部 62752015　发行部 62750672　编辑部 62752926
　　　　　出版部 62754962
电子邮箱:em@pup.cn
印　刷　者:三河市富华印装厂
经　销　者:新华书店
　　　　　730 毫米×1020 毫米　16 开本　12 印张　144 千字
　　　　　2011 年 11 月第 1 版　2011 年 11 月第 1 次印刷
印　　数:0001—5000 册
定　　价:32.00 元

未经许可,不得以任何方式复制或抄袭本书之部分或全部内容。
版权所有,侵权必究
举报电话:010-62752024　电子邮箱:fd@pup.pku.edu.cn

前　言

作为一名长期从事财务教学与研究的高校教师,我一直深爱和痴迷于财务,这因为她是一门既严谨又开放,既能"顶天"又能"立地"的人文科学,她深藏着博大精深、逻辑独特的理念框架、创新性的知识结构和实操性的工具体系。也正因如此,财务科学理论与实践一直激发着我的职业激情、磨砺着我的职业素养、锤炼着我的职业逻辑,同时洗礼了我的处事哲学和思想情怀。

我的这些财务体验和专业感悟,其实已散见于我所撰写的财务教材、发表的论文和出版的专著里。从教至今我已写过二十多本财务学方面的教科书,却因教材定位于基础财务知识的讲解,而并未涉及高屋建瓴的财务思想的传递;我已发表了近百篇财务论文,却因发表时间不同而无法系统地展现我对财务的感受;我还出版过几部财务方面的专著,但由于其学术的定位而显得严肃,不太"赏心悦目"。基于此,我希望我的这本《战略财务的逻辑》能够对过去的一些专业思想和感受进行概括梳理、总结提炼,既能高屋建瓴,也能"赏心悦目"地系统全面展现财务的思想理念。

尽管我一直专注"财务",可近年来由于多种原因"公司战略的理论与实践"成为我新的兴奋点。出于财务专业习惯,难免经常对比分析"战略理论"和"财务理论"的异同,有时候很有把两者整合起来的强烈欲望,因为在教科书上这两种理论之间的"鸿沟"既深又宽,公司战略学者习惯于将财务搁置在一个极易被人遗忘的小小的职能项目上,更有学者甚至将"战略思维"与"财务思维"对立起来:

公司战略可以涵盖到商品市场上的方方面面,而财务却只能在资本市场上扮演着一个工具性质的小角色。

毫无疑问,财务与战略有着天然的、深度的交互性。可以说没有"财务"的战略一定是空洞的和畸形的;没有"战略"的财务则是狭隘的和残缺的。本书在为财务战略"正本清源"的基础上,既有从理论层面对企业科学发展战略("汤三角"框架)、预算战略("汤预算")以及融资战略等的深度解析,也有从操作层面对引入压力测试的风险体检机制、平衡计分卡的应用、信号灯制度等的详细阐述,更有针对性地展示一些中国企业的管理案例,如万科十年战略轨迹、海信速度支撑盈利、上海电气"善用"衍生金融工具等故事,希望能让读者们在品茗览书之余和我一样领略到财务学的种种魅力。

本书绝大部分内容是在我和我的研究生发表于《财务与会计》、《新理财》等非学术类刊物的文章基础上修改、补充和完善而成的,一些文章则因本书定位几乎全部重写,当然还有几篇新写作的文章完全是为本书特别定制的。我说这些的目的有二:一是本书并非只是将已发表的论文进行简单的汇集,而是基于与时俱进、不断完善的治学态度之作品;二是本书不少内容是我与我的一些研究生共同讨论、写作的结果。教学相长! 比如,当我要求他们修改这类文章不要过于"阳春白雪"、务必"赏心悦目"时,我感受到几位研究生的文笔比我强得多,COOL! 我很喜欢我的每位研究生!

"开卷有益"! 我衷心希望本书成为关注或参与中国企业决策与经营管理的中高级管理人员、EMBA、EDP、MBA 学员,高等院校财经类在校师生们值得一读的参考书目,更迫切期待每位读者既能分享到战略财务的丰富"逻辑",还能共鸣我本人的"偏执"之缘由!

汤谷良
2011 年端午节

目 录

一、战略财务的理念

应该为"战略"与"财务"的关系正本清源…………………………（3）
公司战略目标与财务目标是同质的 …………………………………（7）
盈利模式的财务解读………………………………………………（10）
为了你的公司基业长青：请管理增长、控制发展节奏……………（18）
企业科学发展的"汤三角"框架设计………………………………（26）
战略规划中关键成功因素的财务实现……………………………（34）

二、战略财务的研制

为财务上的投资预算增添"战略"内涵 …………………………（41）
多元化公司财务资源如何配置？…………………………………（45）
融资战略的重心是权变性地满足有效资金需求…………………（54）
归核化 or 多元化
　　——投资战略绕不开的结………………………………（58）
万科企业财务战略十年轨迹与启示………………………………（66）

融合财务战略与全面风险管理………………………………（74）
中国民企的负债率：再低也不过分！…………………………（79）
用财务战略储备屏蔽战略风险…………………………………（86）
将企业内部组织都打造成追随战略的 SBU……………………（90）
着力导入标杆管理，全面造就学习型企业……………………（94）
企业绩效评价如何"战略化"？………………………………（101）
反周期投资：理性与风险并存的财务战略……………………（104）
企业如何"杠杆化"生存？……………………………………（109）
善用"衍生品"，提升驾驭不确定性的能力 …………………（116）

三、战略财务的落地

导入"压力测试"与企业的风险"体检"机制…………………（125）
在不确定性环境中企业如何做战略计划与预算？……………（131）
短贷为什么也可以长投？………………………………………（138）
速度支撑盈利：四家家电公司运营能力的案例思考…………（143）
要让会计报表展现战略与价值…………………………………（151）
让预算成为企业制度机制和战略必备工具……………………（159）
预算管理：为啥想说爱你不容易………………………………（164）
财务战略执行中的"信号灯"制度……………………………（171）
多角度审视平衡计分卡和战略地图……………………………（176）

一、战略财务的理念

应该为"战略"与"财务"的关系正本清源

说到"战略"与"财务"的关联这一命题,似乎让我们这些财务专业人士特别郁闷。因为打开现有国内外各类公司战略教科书,通常都把战略分为"公司总体战略(公司总体愿景和业务总规模)"、"经营战略(具体产品市场的期望定位)"和"职能战略(关于市场营销、生产、原材料、财务等)"三个层次。显然"财务"被公司战略学者搁置在战略问题的"最底层",而且仅仅是一个极易被人遗忘的"小职能项目"。更有甚者,不乏存在将"战略思维"与"财务思维"对立起来的观点。比如,有学者就把财务思维和分析工具的特征描述为:(1)狭隘的内部性(focuses on a narrower range of variables-primarily internal);(2)主要关注有形价值(primarily concerned with tangible areas of value);(3)定量描述(quantitative measures);(4)短视(bias towards shorter term);(5)监督与控制有余(more control process)而激励不足。众所周知,管理会计大师卡普兰教授提出平衡计分卡的理论基础之一就是单纯的财务数据很难反映企业未来的成功因素,更严重的是采用基于财务指标的评价系统会使经理人倾向于牺牲长期、做高短期。诸多类似对"财务"的"归纳与总结"、"指责与抨击"绵绵不绝。

我倒觉得,把"战略"与"财务"割裂开来的主张,是既不理解战略也不熟悉财务的结果。我们迫切需要厘清"战略"与"财务"水乳交融的关联性,为财务战略这个命题"正本清源"。

英国学者 Keith Ward 在《公司财务战略》一书中对财务战略的定位是"为适应公司总体的竞争战略而筹集必要的资本，并在组织内有效地管理与运用这些资本的方略"。看来，财务战略是指在企业总体战略统筹下，以维持和提升公司长期的盈利能力和价值增值为目的，以资金筹划与使用方向为重点，以促进企业财务资源长期均衡有效地流转和配置为衡量标准的战略范畴。

其实，财务与战略有着天然的、深度的交互性：首先，财务问题的确首先表现为资产负债表、利润表和现金流量表等财务报表以及一系列定量化的财务指标。经过审计的财务报告与财务指标的确反映了公司过去的经营业绩与财务状况，但是"管理价值始于战略止于财务结果"（Knight，1998），现在的成功与失败都取决于过去某一段时间采取的战略，所以公司"今天"的财务报告其实是"昨天"公司战略实施结果的"显示器"。至于公司未来的战略如何定位、如何管理、结果会如何，我们在财务专业上也有报表进行刻画和描述，它叫"模拟财务报表（pro forma statements）"或"财务预测报表（statements of financial forecasts）"，这些报表应该是"明天"公司战略的"探照灯"。其次，财务管理聚焦公司价值目标。《基于价值的经营》（詹姆斯·A. 奈特，2002）、《战略管理——竞争与全球化（概念）》（迈克尔·A. 希特等，2002）等著作中都明确了这样一个道理：虽然人们对战略与企业价值之间的具体作用过程和机理还不十分清楚，甚至对战略的具体概念都存在广泛的争议，但对于战略与公司价值之间的因果关系已有基本共识。换言之，公司财务目标与公司战略目标具有本源同质性。再次，战略决策本质上是对公司"愿景目标"与"资源能力"的平衡分析与把握。说到资源能力，当然它具有广泛的外延，比如"原材料供应能力"、"能源保障"、"人力资源"、"技术与创新能力"、"市场占有能力"等，然而"财务资源"是最重要的战略资源。有句话"仅仅有钱是不够的,没有钱又是万万不能的",这可能是对战略与财务资源关系最简洁明了的表达。不过最好将此句话改为"战略上仅仅有资金是不够的,没有足够的(自有)资金是万万不能的"。

财务战略与公司其他战略相互依存并服从于、支撑着公司总体战略。不过,财务上独特的思维理念与分析工具,使财务战略在不少方面都表现出异化于公司其他战略的特性,而成为一个独立的战略范畴和领域。

第一,突显"数据说话"。财务战略的研制、表述与实施结果都必须建立在各类数据分析基础之上。无论是财务维度还是非财务维度,无论"摆事实"还是"讲道理",都必须有大量的数据支持。离开了数据,财务就无话可说。

第二,与经营战略的互补性。比如,企业总风险主要由经营风险和财务风险构成,如果锁定企业总风险,那么以固定成本主导的经营风险与以债务利息和优先股股息为主导的财务风险之间就必须形成此消彼长的互补关系,即激进的经营战略就应配合以稳健的财务战略,反之亦然。再比如,企业产品处于导入期,经营风险很大,财务资源配置上就应该以低风险的内部"自有资本"为主,即使是外部资金,也应该是风险投资,而当产品进入成长期,经营风险缩小,财务上可以大胆配以更多的高风险"债务资金"。公司经营的基本目的在于创造财务上的业绩,公司的成功最终表现在财务上的成功,而财务业绩主要是靠商业市场的客户决定的,但是这一基本主张并不能被贯彻始终,许多著作和管理实践给人们造成了两种极端印象:一种极端是财务业绩完全依赖于公司的运营效率,而另一种极端是经营战略的目标是寻求销售数量和市场份额的最大化,并充分满足客户的偏好,好像只要做到了这些就足以产生出一个令人满意的营运结果。前者过分强调了成本,而后者则完全忽视了成本(西弗·马瑟,2004)。

第三,坚守"稳健"方针。比如,制定公司战略要求相对保守地预测收入,充分地估足各项支出。在公司决策者高喊"跨越式发展"、"跨入500强"等战略口号时,财务战略一定扛起"可持续增长率"这面大旗使其保持必要的战略理性。在制定战略,探求企业商业模式、盈利模式和产品结构的过程中,财务上必须预估企业风险的长期性,并保持必要的"财务弹性",以便随时对冲这些风险。

第四,强调战略的财务工具化和制度化。美国AHS公司总裁兼CEO曾明示,战略问题其实就是决策层应该让下属和每位员工知晓三个问题:我们朝什么方向发展?我们如何达到那里?我的角色是什么?财务战略管理的任务就是要将企业战略目标、分析技术和管理程序结合在一起,寻求和挖掘价值驱动因素并使之工具化和制度化,尤其是公司治理机制和内部控制制度,落实战略的形成与实施的制度安排和技术要求,既能确保战略管理在战略实施过程中制度上的合规性(conformance),又能实现战略结果上业绩(performance)的提升,促使公司基业长青、走向卓越。

(根据原载于2007年《新理财》第1期的同名文章改写)

公司战略目标与财务目标是同质的

提及公司战略目标，理论上的定义应该比较明确，即公司战略的使命和志向。但是我们接触的企业"介绍"、"招股说明书"、"年度报告"中涉及公司战略目标的实际表述就很具多元性，诸如公司战略目标是："用五年的时间跨入世界500强"、"到十二五末期再造一个××公司"、"争做××行业旗舰"、"争做世界级的企业"、"成为××行业的领跑者"、"成为××综合服务供应商"、"成就公司在××行业的霸主地位"、"××战略目标是要做成国际化的、服务的、高科技的××"、"向集团化、集约化、现代化、国际化的大公司行业迈进"。每每读到这些战略目标的表达，很容易让我们想起前些年一部电视剧的名字《激情燃烧的岁月》。

当然，公司战略目标必须具有"激情"，但是又不能缺少必要的理性。所谓"理性"就是公司战略始终不能忘记公司是谁的、公司为什么而存在、战略为谁来制定、战略有什么意义等基本落脚点。"VBM（基于价值的管理）是以股东财富最大化为首要目的的管理方法。其系统、战略、流程、分析方法、业绩衡量标准和企业文化作为股东财富最大化的指导目标"（Arnold，1998）。"创造股东价值是一个公司首先必须做的，也是战略管理过程的最终和唯一结果"（斯蒂芬·波思，2003）。这些主张就使得公司战略目标与公司财务目标实现了"无缝连接"。或者说对公司战略目标的"概括"、"表述"必须按照财务目标"价值观"来改造和梳理。

财务教科书的开篇就十分鲜明地指出：公司财务目标就是公司

价值最大化。从理论上分析公司财务目标的"价值观"的基本逻辑包括：（1）公司价值的外延尽管超越了股东价值，但是公司价值的本源和根基却始终是股东价值；（2）公司价值不是指资产的账面价值，而是指其内涵价值，公司价值的特性是"未来"决定"现在"，股东投资的是公司的未来；（3）内涵价值综合决定于未来的商业收入"规模"、获取现金性盈利"回报"水平、主要以资本成本为刻度的"风险"程度；（4）在公司"价值指标"的具体表达上，有多种形态，如经济附加值（EVA）、股东增加值（SVA）、投资的现金回报率（CFROI）、经营总回报（TBR）等，但是还是以股利折现模型和自由现金流量折现模型为最"规范"和"标准"的表达；（5）在证券市场上，公司股价与其内涵价值会有偏离，表现为 P/E（市盈率）或 P/B（市净率）的倍数上的差异变化，但从本质上看公司股价肯定由其内涵价值所决定。

按照这些财务价值目标及其基本主张再来审视上述战略目标，我们很容易发现以上各种表述应该做出"重大修改和完善"才是。为什么？第一，这些"满怀激情"的"口号"绝大部分不是公司战略的终极目标，最多也只能归结为战略实施中某个阶段上的"中间目标"；或者绝不是战略方案中的"因变量"，最多只能列作"中介变量"和"控制变量"。第二，上述表述更多的是立足于公司经营者个人和团体的职业理想和抱负，而不是立足于股东投资设立公司的基本初衷。借助于"内部人控制"，利用股东资金"专营"经营者的"产业帝国"是现代公司"代理成本"的重要部分。"公司战略目标与规划"可能彻头彻尾全都是经营者的"阳谋"。第三，因为上述目标只有决定公司价值的三大因素中的"规模"问题，而缺乏"盈利"和"风险"这两个维度，故而十分残缺，很不全面。即使上述这些公司能够按预计顺利达成战略"规模"目标，但并不能确保股东回报的提升，也不能引导在资本市场上公司股价的上涨。因为单一的"规模"指标与公司价值和价格的相关性实在太低,还有不少公司的规模目标恰恰是毁损公司价值的缘由。

正如某专家所言:"现代公司财务生存的主宰是在资本市场,但是生存的方式、获利的途径则是由其在商品经营业绩和产品市场上的表现所决定的,所以公司价值必然与公司经营战略相联系。"今天的公司价值实际上反映着过去一段时间的战略路径与结果。公司必须也只能有一个统领全局的战略宗旨,那就是提升股东价值。所有的战略、所有的系统和所有的决策都必须服务于这个宗旨。故此,财务价值目标成为识别、评估和取舍各类及各层次战略的唯一标准,这就是"公司财务目标与战略目标的本源同质性"。

(根据原载于2007年《新理财》第2期"要激情,更要有理性"文章改写)

盈利模式的财务解读

战略上特别关注盈利模式（profit model），但是财务理论很少研究盈利模式问题，即使提到这个概念，也只是轻描淡写，似乎盈利模式与财务理论无关，这的确是财务理论的严重缺陷，也难怪不少战略学者总是"讽刺"我们财务学者不懂战略。财务学很需要关注和研究盈利模式，因为"现代公司财务生存的主宰是在资本市场，但是生存的方式、获利的途径则是由其在商品经营业绩和产品市场上的表现所决定的，所以公司价值必然与公司经营战略和盈利模式相联系"。反之亦然，战略理论研究同样需要用财务理论、理念和工具来夯实对盈利模式问题的研究。本文试图从盈利模式的定义出发，从财务视角把握盈利模式的要义。

我们先来分析一下现有文献中"盈利模式"的表述。我们发现尽管盈利模式是一个耳熟能详的术语，但很难找到明晰且达成共识的定义。

斯莱沃斯基（1998）在《发现利润区》中提出，盈利模式主要关注的是如何选择参与竞争的行业，在该行业中何处可以获利，在潜在利润区中是否有紧密适应客户需求和支付意愿的盈利模式，该盈利模式是否具有成本优势，保护利润流的能力如何，即如下四维度的定位问题：客户选择、价值获取、战略控制和业务范围。成功的盈利模式就是引导和保障企业能够持续地赚取超额利润并及时更新的机制。研究表明，一家公司约20%的利润与行业相关，36%的利润变动是由公司特点和业务活动产生的。行业吸引力和企业在行业内的竞争地位共同决定公司利润率的水平。换言之，"持续"获取利润的前提则是将企业参与竞争的环节锁定在利润区内，并始终追随市场环境的变化。而获得"超额"利润的前提条件是确定适用于整体竞争环境或行业的战略。只有那些练就内功并拥有独到资源能力的企业才能保障该战略的实施，并获得成功。

格罗斯曼和詹宁斯（2002）在《百年盈利》中提出，经营有方的百年老店的盈利模式设计是相互关联的主要策略、次级策略、政策和战术相互作用的结果，在盈利模式更新的过程中需要对整个经营链具体考察，内容包括顾客检查、生产过程检查、供应商问题、经济问题、销售问题和社区问题。

从这些定义和表述可知，盈利模式肯定既是一个战略问题，又是一个运营问题。当然本文强调的是对现有"盈利模式"的研究应该导入更多的财务学理念与内容。

1. 财务价值目标是评估公司盈利模式的唯一标准

任何公司必须也只能有一个统领全局的战略宗旨，那就是提升股东价值。所有的战略、所有的模式和所有的决策都必须服务于这个宗旨。故此，财务价值目标成为识别、评估和取舍各类及各层次战略和盈利模式的唯一标准。比如，顾客满意度、经营过程优化、技术创新、品牌提升理应带来优异的财务绩效，但是当其他因素尤其是相应的成本投入等失控时，就可能出现毁损公司财务价值的结局。再比如，低成本和差异化可以为企业带来竞争优势，但是两者的着眼点是不同的，低成本战略就是要求企业以较低的成本提供与其竞争对手相同的产品与服务；而差异化战略要求比竞争对手更好地满足客户需求的某个特定方面，其成本虽有所增加但是其售价不能超过客户愿意支付的水平。所以我认为成功的盈利模式往往是在经营战略指导下，对现有内部运营、市场竞争能力的改进或突破，它必须能够创造更高的企业财务价值。

2. 财务价值的驱动因素"驱动"不同企业间相异的盈利模式

财务上公司内涵价值的基本表达是"公司内含价值＝自由现金流量／$(1+WACC)^n$"。这个公式隐含着公司价值体现为收入提升、成本控制、税收筹划、股利计划、资本开支、资本成本和持续经营期等。企业盈利模式要解决的基本问题是：目标市场在哪里？目标客户是谁？为满足目标客户需提供何种产品或服务？为提供这些产品或服务需投入什么、投入多少和承担哪些风险？企业独特的利润源（独特的竞争优势）是什么？企业利润的边界在哪儿（有所不为）？战略对盈利模式的描述要穷尽到价值链增值各环节、企业具体行事方式的权衡取舍，并通过财务结果上的检验（对价值驱动是否有正面影响）得出真正的关键成功因素（KSF）。比如，收入是价值驱动因素，但需穷尽到收入的单品价格、销售量、品种结构、地域结构才能得到关键成功因素。再如，资本成本对企业价值的影响不可小觑，但融资方式和资本运作方式的选择才是决定资本成本高低的关键因素。而导出关键成功因素的过程正是对盈利模式基本要素的规划设计过程。完成客户选择模式、产品提供模式、资源投入模式、业务范围模式四维度的设计之后，综合考察盈利模式要素对企业价值的驱动作用就是对战略有效性的检验过程。对战略进行检验时所应用的"标准"盈利模式可以采用行业领袖公司的成功经验和模式，也可以采用本企业通过行业分析、市场预测而规划的盈利模式。这些解释说明一个财务定律："成功的企业各有成功之道，倒闭的企业只有一个原因，即现金流断裂。"可以说，构建公司独特的盈利模式就是着眼于培育与提升具有本企业个性优势且难以复制的核心竞争力。

3. 以 SMART 原则定位和表达企业适宜的盈利模式

财务的思维以"数据说话"为主旨,强调 SMART 原则的要求,即盈利模式的表述必须是:特定明确的(specific)、可以计量的(measurable)、可以达成的(attainable)、与责任相关的(related)以及具有明确的时间限制(time-bound),以确保盈利模式内容的针对性和可操作性。比如,我曾经阅读过的一篇文章写道:"盈利模式是企业在市场竞争中逐步形成的企业特有的赖以盈利的商务结构及其对应的业务结构。企业的商务结构主要指企业外部所选择的交易对象、交易内容、交易规模、交易方式、交易渠道、交易环境、交易对手等商务内容及其时空结构,企业的业务结构主要指满足商务结构需要的企业内部从事的包括科研、采购、生产、储运、营销等业务内容及其时空结构。业务结构反映的是企业内部资源配置的情况,商务结构反映的是企业内部资源整合的对象及其目的。业务结构直接反映的是企业资源配置的效率,商务结构直接反映的是企业资源配置的效益。"反复阅读以后我还是有点不知所云,因为离 SMART 原则要求很有距离。

4. 识别盈利模式还必须深入挖掘"深潜指标"或最关键指标,指引关键成功因素

盈利模式不仅要遵守 SMART 原则,同时需要导入"重要性原则"等理念,过于全面、事无巨细的盈利模式不仅是对"战略"问题的误解,也对如何改进和落实盈利模式造成很大的执行风险。应该关注如何聚焦、如何量化经营过程及其后果的价值等问题。这个问题就是迈克尔·波特指出的应该通过"优先战略主题"以高效率建设战略优先地位。也是吉姆·柯林斯在其《从优秀到卓越》一书中强调的卓越的公司总有一种"对经济的深远洞察力"。

在《杰克·韦尔奇自传》中公司的"深潜力"是反复出现的术语，我称之为"深潜指标"或者驱动因素，它们虽然只占整个公司运营体系的一个小部分，但是其变化却会给公司盈利能力和竞争优势带来巨大影响。

例如，对于美国西南航空公司来说，"飞机在登机口前平均停留25分钟"就是一个"深潜指标"。如果该公司的飞机在登机口平均每次多停1分钟，全年将增加超过1.86亿美元的投资和约1 800万美元的财务成本。再如，宜家家居（IKEA）公司的战略成功依赖于对家具的低成本制造和配送。该公司研究发现其重要的深潜指标有六项：(1) 制造成本；(2) 每平方英尺零售及窗储空间销售额；(3) 库存商品百分比；(4) 客户满意度；(5) 客户忠诚度；(6) 客户的口碑广告。很显然这些深潜指标是一种牢牢锁定的战略，也是清晰刻画的公司盈利模式。我们发现尽管这些指标很少涉及财务手段，但是它们通常是财务表现的驱动因素，是分析企业盈利能力的各因素之间的因果关系，可以帮助管理者从一系列错综复杂的过程和因素中"纲举目张"地挑选出最能促进公司战略和绩效方面的举措。①

这些指标可以依据财务价值管理分析思路，通过价值公式进行数量分析和敏感性分析，得到关键价值驱动因素，从而得出关键成功因素和深潜控制指标。

5. 盈利模式特别聚焦公司的"主营业务收入"、"主营业务利润"和"营业利润"等

从会计报表来看，利润是个多维、多层次的概念，单纯从利润表就可以得出"毛利"、"营业利润"、"主营业务利润"、"投资收益"、"税前利润"、"净利润"、"扣除非经常性损益的净利润"等

---

① 参见詹姆斯·赫斯克特等，《价值利润链》，机械工业出版社，2005。

概念与数值。在一个"奉行结果导向"的公司只会关注最终"净利润是多少",而不会过多关注"是什么利润"。我认为应该从考核"净利润"转到考核"营业利润"或"主营业务利润"上。盈利模式的"利润"必须排斥"补贴收入"、"营业外收支"等"非经常性损益"项目,其实利润表中"投资收益"也只能说明证券市场充其量只能是财务投资的附属市场或商品市场的补充。其理由是商品市场是企业经营的主要战场,实现盈利是公司内涵价值的根基。

短期会计利润成为考评业绩的重要甚至是唯一标准,恐怕是企业会计屡屡出现问题的一大根源。而缺乏对短期会计利润质量的内在制约,恰恰是传统财务会计的一大不足。

6. 稳定的、持续的盈利能力是盈利模式的重要特征

"持续经营"是财务学理论的基本假设和基本前提,也是盈利模式的关键特征。这种竞争战略转变的根本性标志就是赋予企业价值以完整的含义,并以全面、持续提升企业价值为目标。从"持续经营"审视公司盈利模式应该包含的主张有:(1)保持"主营业务利润"的持续稳定增长是战略重点之一;(2)战略一经选定,即成为盈利模式构建的出发点和纲领——盈利模式的选择要符合战略方向;(3)为了赚取一些短期"热钱"而牺牲了长远竞争能力的盈利模式是不可取的;(4)盈利模式应该受到运营过程的一贯支持,并在一定时间内相对固化。

7. 利润杠杆性的考虑与利润黏性的提升

按照财务理论,利润杠杆反映的是企业的一部分投入以及企业所承担的风险。由于经营杠杆(DOL)和财务杠杆(DFL)的存在,利润的实现存在极强的杠杆效应。以固定资产折旧为主体的

固定成本提高了经营杠杆率，表明在提高营业利润率的同时也增加了公司的营业风险；以负债融资为主导的融资利息提高了财务杠杆率，说明在提高股东回报率的同时也提升了公司的财务风险。这两种杠杆因素的存在使得我们不能割裂"收益"与"风险"的内在联系，也使得我们对盈利模式的理解和改进不能回避"经营风险"和"财务风险"的存在和影响程度。现在很多企业提倡的"轻资产战略"和"低风险盈利"都是对盈利模式的风险考量。

另外，与战略相关的利润实现方式不同，防范竞争者"掠夺"本企业利润的能力具有差异性，从而形成不同黏性的利润。据斯莱沃斯基的研究结论，不同的利润战略控制方式对企业利润能力的有效性指数，或者称为利润保护的强度指数如下：成本劣势为1；具有平均成本水平为2；10%—20%的成本优势为3；1年的产品提前期为4；2年的产品提前期为5；品牌、版权为6；良好的客户关系为7；行业领导地位为8；控制价值链为9；建立行业标准为10。这表明不同的战略控制手段对企业利润能力的保护程度是不同的。

8. 企业在不同发展阶段具有不同的盈利模式，盈利模式应随战略调整及时升级

财务经营包含货币经营、商品经营和资本经营等多项内容和不同层级。也就是说，盈利模式分析应该分别关注货币市场、商品市场和资本市场，不能采用"线性假设"、"直线回归模型"、"单变量分析"等思路。有学者认为，从全球企业运作的一般规律和企业的发展阶段来看盈利模式可以概括为三个阶段：第一阶段为业务拉动增长型盈利模式，这个阶段取胜的关键在于如何启动和开拓市场，重点在渠道和终端；第二阶段为内部管理效益型，在这个阶段市场份额较为稳定且很难再有更大的上升空间，只能通

过优化内部组织结构和业务流程来提升效益,重点工作是战略进一步细化、组织结构不断完善等,主要依靠技术开发、经营管理等优势获得企业的持续增长;第三阶段为关注资本运作和资金管理,使各种生产经营要素整合起来并有序流动,以提升企业的整体竞争力。

综上所述,从财务上来分析盈利模式对战略理论和财务理论都是锦上添花的,也只有这样才能构建集成的公司经营理论。

(根据原载于2007年《财会学习》第12期同名文章改写)

为了你的公司基业长青：请管理增长、控制发展节奏

当今每个企业对于"欲速则不达"、"拔苗助长"等成语的哲学含义和决策价值的理解是不言而喻的，但是"概念上理解它"与"战略上实践它"肯定是两回事，甚至有巨大的鸿沟。有太多的实例证明我的判断。

公司大堂印刻着董事长年初定下的宏伟蓝图："自2008年起，两年实现产销翻番，即60亿、120亿；再三年50%增长，即180亿、270亿、400亿；再三年30%增长，即520亿、650亿；再两年20%增长，即780亿、936亿。十年挺进世界500强，控股十家上市公司，成为中国最大的生产、加工、科研集团，最大投资机构和最大产业基地。"① 关注过中国企业尤其是民营企业发展案例的人肯定都知道上面故事的主人翁就是现在监狱里的原太子奶董事长李途纯。很多人认为太子奶的败局根源在于创始人李途纯的"冒进战略"。

我还记得前些年某年"两会"期间有一个花絮性的报道：当时的总理朱镕基参加湖南省的两会小组讨论，座谈间隙某位民企老总借机向朱总理汇报公司未来发展规划，完毕朱镕基回复到"你牛×大了！"

讲完以上两个故事，读者可能抱怨我：这两个案例都是"过

---

① 参见2008年11月24日的《21世纪经济报道》。

去式",缺乏新意和现实意义。我真的倒希望类似的事件不要再度发生,彻底成为我们民营企业的"历史故事"。但是肯定的说绝对不是,"前仆后继"者还大有人在。如果你阅读这些年中国企业的十二五规划,一批公司经营战略上的"关键词"还是"疾慢如仇"、"速度至上"、"跨越式发展"、"偏执狂的聚会"、"新起点上的5倍速度"等的表述,读罢这些报道,我即感慨中国企业及其CEO们充满激情、勇于挑战和不息进取的战略心态,也许正是这种富于创新、勇于挑战的亢奋心态为中国经济快速增长提供了基础性动力与活力。与此同时,我也为这些企业超速发展的最终命运是否会"重复昨天"天津顺驰孙宏斌的"故事"而担忧,也深感一批"先驱"们的"阴魂未散"。

"可持续增长"作为一个经济命题,已经初步为各国政府所接受并作为经济政策制定的基本原理和导向。但作为一个财务原理,并没有为大多数企业所接受,更未成为自觉的行动。财务管理的任务之一是"管理增长"。

增长是衡量企业实力的尺度和企业生存的必要条件。而增长的集中表现为收入的增长,销售增长进而成为任何企业都无法回避的关键问题。对增长速度的认识,许多经理人看成是越快越好,他们的理由很简单,那就是随着企业的增长企业的市价与盈利将会上升。但从财务的观点来看,企业过快增长并非总是一件好事。增长过快将会耗尽企业的资源,还将伴随着对其他外部环境的更高要求,除非企业管理者能够意识到这种危机,并主动采取措施来控制,否则,过快的增长将会造成企业的破产,这种破产称为"增长性破产"。可以说,近年来过度追求快速扩张的"巨婴型"企业和过度多元化经营的"到处伸手型"企业失败与夭折的主要原因基本源于此。

从战略理论上分析,对规模、增长速度的偏好甚至偏执是无可厚非的，也是理性的，因为企业规模必须增长，而且必须持续增长。没有必要的增长规模与速度肯定是企业最大的风险，过低的规模增长或者停滞对于企业是十分可怕的事情。理由有：（1）从财务角度分析，一定的经营规模是企业盈亏临界点和获利水平的基础，是企业安全边际的前提；（2）从投资者偏好分析，无论是公众公司还是私营企业，都不会满足于主要通过削减成本而获取收益，投资者还是最希望公司从收入增长中获取盈利的增加；（3）从资本市场来看，过低的增长率必然制约公司价值创造的潜力，也会导致公司成为视觉敏锐的收购者的目标猎物；（4）从公司文化的角度，"如果你的企业不是正在增长，你就不能留住和吸引你需要的人才——那些充满信心的、满怀热情的、胸怀抱负的、富有想象力的人才。他们会去寻找那些拥有更广阔视野的公司工作"（查兰，2005）。但是在实务中 CEO 们很容易认识到增长太慢所带来的负面影响，并走向另一个极端：规模增长过速。规模超常增长往往引发一系列不良的后果，包括过度经营、资源紧张、融资结构和资本结构异化、管控失灵。除非管理层意识到这一结果并且采取积极的措施加以控制，否则非理性的加速扩张怪圈最终导致"增长极限"，会以企业资金断链、支付能力不足等形式体现出来；使企业陷入"增长困境"，严重时会走向"破坏性增长"，甚至"增长性破产"。

关于企业增长能力的问题，在财务理论上有比较成熟的模型或者研究成果。比如，希金斯的可持续增长公式是一个普遍认可的理论模型。希金斯的可持续增长公式为：$g = P \cdot R \cdot A \cdot T$。其中，$g$ 为可持续增长率；P 为销售净利率；R 为留存收益率；A 为资产周转率；T 为资产权益比率，又称权益乘数。由上述公式可以看出，可持续增长率的高低取决于公式中四项财务比率的大小。其实质在于企业在不发行新股并保持原有资本结构的前提下，仅靠内部留存收益所能达到的最大增长率，强调不耗尽企业财务资源，充分体现了盈利支持增长的理念。如果你再要放大公司的增长速度，必须增加股权资本投入；如果在留存收益既定的条件下，既不增加股权资本投资，又要加快规模增长速度，也就是说企业的实际增长率高于"可持续增长率"，势必放大公司的经营风险和财务风险。这些财务理论强调稳健使用企业财务资源，并充分体现了"盈利支持增长而不是增长支持了盈利"的基本理念。非常遗憾这类十分成熟、操作性极强的财务战略理论不仅没有得到大多数企业家的"首肯"，很多时候还被一些战略学教授或大师以"财务学家不懂战略"为由而不屑一顾。

此外，"许多看上去大步蹿升的公司靠的不是在核心业务上的稳扎稳打，而是国际扩张、收购或是大幅度提价这种朝不保夕的增长方式"[①]，关于如何评估真正体现企业实力的核心业务的增长率，艾德里安·斯拉沃兹基和理查德·怀斯提出了一个简单的计算方法。

公司核心业务的增长率 = [$(a-b-c-d-e) \div b$] $\div 5 - f$

公司未来的平均年增长率 = [$(g+h+i) \div 5$] $\div a$

其中，a 代表公司目前的年收入，b 代表公司 5 年前的年收入，c 代表过去 5 年中公司收购企业的国内营业收入总和，d 代表过去 5 年中公司国际营业收入的变化总和，e 代表过去 5 年中由于营业收入确认政策的变化而产生的收入总和，f 代表过去 5 年中公司产品的年平均价格增长百分比。g 代表期望市场在未来 5 年的增长幅度乘以期望的市场份额，h 代表未来 5 年通过收购可以新增的收入，i 代表未来 5 年国际市场将具有多大的收入增长潜力。

该计算模型虽然还不尽完善，但企业可以用它来给自己的主业

---

① 艾德里安·斯拉沃兹基、理查德·怀斯，《哈佛商业评论》，2002 年第 10 期。

进行一个粗略的评估。根据上面的公式和能查到的公共信息,他们发现不少国际超大型企业的核心业务都只有微不足道的增长。例如,在1995—2000年间,摩根大通的核心业务增长率为5.1%,美国铝业为5.7%,波音为7.9%。但是,持续稳定的增长使它们成长为同类企业中的佼佼者。看来,任何一个不想只做瞬间辉煌的流星的企业都应该牢记"欲速则不达"的道理。对于多数企业来说,认识到增长得太慢并不难,但意识不到增长并非越快越好,的确有观念上的误区。可见,企业很有必要控制其增长的速度,以保存企业财力,把企业的增长速度控制在现有资源包括财务资源所能承受的范围之内,这就是要求实现企业的可持续增长。

  关于企业快速增长的财务管理问题,在理论上比较成熟的说法是:"对于快速扩张的企业来说,增长过快是可持续增长中的关键问题,因为提高经营效率并非总是可行的,而改变财务政策也不总是明智的……这些公司把销售增长看做是必须予以最大化的事,而太少考虑财务后果。他们没有意识到骑虎难下。"[①] 无数实践也表明企业的超常增长或跳跃式发展经常不是走向成功而是走向毁灭。这正好印证了惠普创始人之一 Dave Packard 的一句话:"大多数企业是撑死的,而不是饿死的。"应该说企业超常增长具有极大的诱惑力,但是其后果也是绝不能忽视的,诸如资金供应与结构的不协调、组织结构迅速膨胀、员工队伍大幅度扩充、管理与技能短缺以及流程与制度的不配套。速度中掩盖的矛盾数不胜数,最主要的是忽视了财务资源是有限的。企业的快速增长时期,必须以大量获利为前提。不然,高增长所需的大量投入从哪里来?支持高增长的现金流从哪里来?所以,公司财务的增长管理也是利润与增长所需现金之间差异的控制活动。唯有依靠财务资源的

---

① 罗伯特·希金斯著,沈艺峰译,《财务管理分析》,北京大学出版社,2009,第79页。

可持续支持，公司才可能持续发展。而财务资源的可持续支持意味着利润与现金的结构协调与时空平衡。

再有从经营策略上看，追求销售收入增长速度往往以牺牲短期利润为代价，如价格战等手段会使得单位产品盈利能力降低。同时，过度激励销售增长将使得公司可能陷入过度信用而不考虑盈利的现金质量，营运资本支出大幅攀升从而加大财务风险。同时，大规模的投资增长往往并非幸事，它会使得公司的资源尤其是财务资源变得更为紧张，而出于惯性和抹平混乱的需要，公司还是要抉择在高增长的水平上前行。正如迈克尔·戴尔在指出快速增长的问题症结时所说："当你带领一个企业高速增长的时候，让人迷惑和利令智昏的事情之一是你根本就不知道如何发现企业内的问题所在。"

所以本文标题"管理增长"旨在企业要控制"超速前行"或"跳跃式发展"的战略思维和实践。规模增长速度的安排当然是公司战略问题，我们不禁要问：公司这类战略的最终决定性因素是什么呢？我觉得这个问题有两大决定性因素：一个是企业家或CEO的心理状态；另一个是企业的商业经营环境。

首先，从企业家等战略决策者的心理状态分析。理论上的"行为财务学"引入心理学关于人的行为观点来解释现实财务投融资决策中的异常现象。我看企业家们对超速发展的普遍偏好，实际上是他们"过度自信"、"泡沫"、"有限理性"和"羊群效应"等心理上的行为反应。不久前我阅读了一篇公司发展战略文章，分析中外CEO的区别，其结论有中国的CEO专注雄心勃勃的扩张计划和日益倍增的销售目标，而国外的CEO在中国主要积极寻求与高附加值相关的增长。另外，CEO性格与投资决策的相关关系：CEO通常都过于自负，迷信自己的领导能力，高估自己为公司创造价值的能力，在进行投资决策时，对于何时投资、以何种方式投资以及投资多少等往往会犯系统性错误，总是认为自己投资的项目意义非凡。有学者直言，规模超速增长的诱惑令CEO们无法抗拒：（1）打造商业帝国的梦想；（2）迅速反应并调整步伐适应市场扩张的节奏给人带来的成就感；（3）速度掩盖公司内部的矛盾混乱所创造出的一片虚假繁荣。对中国CEO们心理行为的上述描述当然不是仅局限于民营企业家，但是对于民营企业家更具针对性。

其次，我发现对"超速"发展的追求，有的时候民企相对于国企更有过之。提及民企，中国民营企业始终存在一个独特的中国式商业环境，尤其是宏观政策、地方政府和民营企业错综复杂、多变的政企关系。中国民营企业的战略规划"西方管理学抑或欧美大牌教授"的确不能讲授，但今天我这位教授还是要鼓足勇气讲授几点：（1）民营企业务必不能把中国境内的外企、大型国企当做其发展的"标杆"，而且最好不要与大型国企、外商资本在关系国计民生的产业市场、资本市场上正面发生"短兵相接"，理由是你的"出身"似乎总是"根不正，苗不红"。（2）如何游刃于变化多端、错综复杂的政企博弈之中，始终是民营企业极具挑战的问题。我看民营企业应该把握的基本方针是"有理、有利、有节"，特别是对于地方政府给予的种种优惠和特殊关爱，记住某位诗人的一句诗："爱在很多时候也是一种伤害。"多扪心自问：作为高度理性的政府的具体动机何在？你能承载这么多、如此大的"优待"吗？如果情况突变，你能应对吗？（3）谨慎利用财务杠杆。对于依靠"低价取得土地再通过评估增值价格获取金融贷款"解决超速增长的资金瓶颈，这是财务理论上的"衍生"融资方式，这种融资方式隐含双重风险：一种是被衍生的"土地权证"的估值风险，另一种是"衍生"负债的金融风险。重复一句财务理论上的金科玉律：只有股权性的权益资本才是满足可持续增长的最安全的资金来源。

我坚信任何企业尤其是超大型企业务必保持合理的发展速度，管理其有效益的增长，但是回答中国企业的战略方针的现实，我真的倍感孤独，因为崇尚"跨越式发展"、"做（中国、亚洲、世界）第一（前十）"、"挺进世界500强"、"十二五期间再造一个××公司"等诸如此类的战略关键词，显示了当今公司战略的"规模膜拜"——NB啊！

（根据原载于2008年《财务与会计（理财版）》第3期"管理增长：企业财务战略的首要任务"文章改写）

企业科学发展的"汤三角"框架设计

构建和谐社会已成为中国社会发展的主旋律和全民族的共同心声。"和谐"也应该成为公司战略规划的主旨,使公司战略充分体现"科学发展观"的要求。那么如何构建一个公司的和谐发展战略呢?"在公司计划遵从的战略和股东价值创造之间存在着一个非常紧密的联系,要使一项战略得以生效,你的公司必须把股东价值整合到这项战略的形成和发展过程之中。在这个层面上,价值由三个基本的规则所推动:(1)获得超过资本成本的回报(收益);(2)增加业务和投资基数(增长);(3)管理和接受适当的业务风险和财务风险(风险)。当你考虑主要的战略选择时,对于收益、增长、风险的评估可以有效地用于权衡这些选择所涉及的股东价值问题。"① 看来公司和谐发展的要旨就是立足股东价值持续、稳健提升的目标,构建一个多维、立体角度并便于操作的战略规划,这就相应产生了战略三维度的任务:管理增长 G、追求盈利 P 和控制风险 R,见下图。

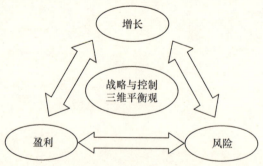

---

① 安德鲁·布莱克等著,徐海乐等译,《追寻股东价值》,经济管理出版社,2005,第118页。

从我的专业贡献而言，这个观点源于我和我的学生杜菲发表在 2004 年第 11 期《会计研究》的论文"试论企业增长、盈利、风险三维平衡战略管理"，所以我经常自我调侃它为"汤三角"。这篇文章之后，我在持续思考这个 GPR 三角，对它的把握也更加成熟，下面从原理到操作，分析说明如下：

（1）管理增长。我觉得财务学中可持续增长原理明示了企业科学的"增长观"：① 不是所有的增长都是有益的。优秀的增长是高质量的，即增长具有丰厚利润，同时以资金的快速运用、资本结构处于合理水平为前提。② 由于短期内企业以较低成本获取资源和配置资源的能力是有限的，超常增长必然带来一系列不良的后果，包括过度经营、资源紧张和资本结构异化。非理性的加速扩张怪圈最终导致"增长极限"，会以企业资金断链、支付能力不足等形式体现出来；使企业陷入"增长困境"，严重时会走向"增长性破产"。这也旁证了财务学中的自由现金流代理理论（FCF agency problem）：如果只有低效率的资本支出，还不如把现金盈利分配给股东。③ 即使是能带来盈利的增长也必须有所为有所不为。为了赚取一些短期"热钱"促使公司改变了本来可以保证其持续竞争能力的商业模式，这是不可取的。可持续的增长应着眼于那些符合战略方向、促进价值的持续增长、能够提高公司核心竞争能力的业务拓展和规模扩张。

（2）追求盈利。从 VBM 和战略管理的角度分析，对盈利的追求应基于：① 强调立足于全体投资者，尤其是公司股东。② 高于资本成本的超额收益率。公司如果能将资金投入到产业当中并产生高于资本成本的超额收益率，比如经济增加值（EVA）大于零，就达到了价值创造的目的。③ 基于一定、可接受的风险的盈利。盈利的质量和含金量在很大程度上体现出对流动性风险的控制能力；支撑盈利的产权基础是否坚实以及财务杠杆是否过高是衡量企业偿债风险的重要指标。④ 在盈利的结构上关注反映核心竞争能力的主营业务收入和盈利质量。事实上，盈利数字本身无法准确反映企业价值创造潜力和造血能力，只有以风险标杆挤压水分之后的现金性利润，才是连接企业投资决策、筹资规划和股利政策的决策变量。⑤ 在盈利的计量上，要立足于持续经营，解决好短期和长期的矛盾。对于盈利能力的考察，在适度风险前提下既要谋求"一鸟在手"，也要规划"两鸟在林"。

（3）控制风险。风险管理的角色应该是在"增长"和"盈利"之间进行权衡（trade-off）时杠杆的支点。我们认为从战略的角度，对风险的关注应包括制度风险、信息风险、业绩风险、财务风险等。① 制度风险表现为制度实际执行偏离规范要求的程度。企业必须严格遵循国家的法律法规、公司章程、战略规划与预算管理流程、各项财务管理制度等。制度的首要功能是避免决策风险、避免控制失灵。制度失灵是风险的导火线。② 信息风险表现为信息不对称、信息失真、信息迟缓等导致决策、控制过程和业绩评价方面的种种问题。③ 业绩风险表现为实际业绩偏离目标、预算等标杆值的程度。经营业绩与目标、财务预算指标偶尔发生偏差，是十分正常的事情，但是如果目标值与实际状况长时间发生很大偏差或重大波动，这是企业危机的征兆。④ 财务风险或流动性风险表现为企业的偿债能力或支付能力不足时，其现金流无以偿还到期债务或维持当前的运营水平所需的必要支出所导致的风险，主要关注企业支付能力的保障程度。

把"汤三角"的概念厘清后，再以此为基点探讨如何实践企业科学发展观的战略规划与执行体系问题。我认为，基于 GPR 三维度的和谐发展战略不应该停留在理论的呼吁上，必须以"数据说话"，且"可执行"和"经济便捷"，本文谋求围绕包括增长、盈利、风险控制在内的每一个顶点引申出一条因果关系链的执行途径,即通过前导性、过程性指标与结果性指标的结合,非财务指标与财务指标的结合,确定与战略顶点相对应的关键成功因素(KSF)并设置关键业绩指标(KPI)。需要说明的是,多种备选指标(包括财务型与非财务型的指标)在具体使用中,"什么都管,就等于什么都不管",所以指标选择不宜过多。

企业应根据所选择的战略、价值驱动因素来权变地确定预算中的KPI,这些指标的确定是对这些方法的应用和延伸,无论采用何种方法,关键要保证从战略、价值驱动因素到预算指标系统的形成是一个连续的设计过程,由此才能保证价值目标、战略与经营绩效真正联系起来。由此我设计"落地"的技术路径,即计划预算管理模型如下图所示。

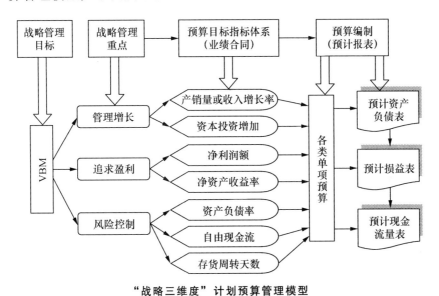

"战略三维度"计划预算管理模型

对"汤三角"计划预算管理模型的设计说明如下:

第一,公司战略取向从来都不可能是一维的,而应该是多元化的、兼容并蓄的。诚然,谈及公司愿景都离不开"增加股东回报"、"提高企业利润"等,而且人们往往把这种"利润"理解为当期净利润、投资报酬率。公司目标的多元化趋势使不同公司目标的具体内容可能不同，但归纳起来，其实质是追求公司持久的生命力和竞争优势，以保持公司持续健康发展。为此我们有必要对价值管理任务重新定位：利润不应是战略管理任务目标的唯一重心，只有完成"规模增长"、"投资回报"、"风险控制"这三重任务，我们的公司才能走得更稳、更远。我们认为，从财务学中关于收益和风险对等观念的阐述是立足在财务管理"过程"中，而从设计公司战略和财务规划来说，收益与风险的考虑必须立足在必要的"规模持续增长"前提之上，而且从战略的角度规划企业的增长速度应该是基于核心竞争力、持续性和稳定性的增长。"投资回报"强调获取利润是公司价值的基础，也突出了投入产出的关系要求。"风险管理"是从制度上保障企业对经营过程和财务风险的控制力，并确保现金营运的安全、有效。因此，战略管理对应的预算目标体系应该是多元的，而非一元的。这种三维的战略目标并非是对"利润"重要性的彻底颠覆，而是站在一个多维、立体的角度使战略目标更加具体和完善。

当然，上图所列出的多元化预算目标指标体系并非是不可调整的，随着不同阶段企业战略重点项目、产品、具体竞争策略选择的不同，对关键指标的具体关注重点会有所不同，甚至在某些指标上可以做一些替换，但本文强调的是预算目标必须按照增长、回报和风险控制这三个维度来设计和选择一个多元化的、联动的、风险与收益制衡的预算指标体系，任何一个维度都不能被忽视。

第二，预算目标指标体现、来源于关键成功因素（KSF），落实于关键业绩指标（KPI），尤其是差异化的 KPI 及其权重设计是个性化、差异化、权变化的公司具体战略的体现。KPI 是对公司战略目标的分解，并随着公司战略重点的演化而被修正，它是能有效反映关键业绩驱动因素的变化的衡量参数。各企业具体的 KPI 预算指标的确定，一方面必须体现战略导向下的预算管理模式特征，体现稳定的战略导向——对持续增长、回报和风险控制的共同关注；另一方面，在利用 KPI 进行预算目标规划时，要选取在逻辑上符合 KPI 原理，但同时也与预算具体编制相对接的指标体系，同时确定考核的标杆值，以便过程监控与考核。从理论上讲，KPI 体系选定及标杆取值确定要遵循 SMART 原则，否则就是空洞的号召。

我们需要指出的是，GPR 三角作为战略牵引时，强调平衡发展，而非权重不同，即我们不能以风险为代价来快速扩张，如果将其作为现实的业绩考评体系，在设定权重时，不同的企业需要考虑企业的财务状况、发展阶段、外部环境的影响，随着不同阶段企业战略重点项目、产品、具体竞争策略选择的不同，对关键指标选取、考评权重、指标目标的安排应该适时调整，以体现战略的"权变性"。但不变的是必须按照增长、回报和风险控制三个维度来设计和选择一个多元化的、联动的、风险与收益制衡的战略指标体系，而且也是我们对企业战略实现绩效的评估体系。由此，GPR 三维度的战略评估工具能够成为战略实施与经营绩效的"指南针"。

第三，关注绝对数与相对数的交叉使用，进一步推进平衡管理。从数学原理可知，管理上单纯的绝对数和相对数各有利弊。只强调某个绝对数或相对数，都是片面的。比如，只强调回报中的相对数，那么经营者也许通过减少净资产总盘子或消极对待净资产增长的方式来运作从而保证 ROE 的实现，就可能导致这样一种情况：经营者不愿意接受预算决策机构配置的必要资源，因为仅仅通过守成就可以实现预算目标时，没有必要增加自身的资源从而增大业绩压力和预算责任。

第四，三维设计与 KPI 体系能够构架和锁定预计损益表、资产负债表、现金流量表的基本状态，可以方便地直接作为经营预算、资本预算、财务预算的编制依据。换句话说，作为预算编制基础所选取的KPI也必须能够规划出预计的三张财务报表。其原理是当我们确定了主营业务增长率和净利润总额时，损益表中最上面一项与最下面一项已经确定，可以作为经营预算的编制依据。下达这两个预算目标已经意味着预算决策层可以大致掌控预算执行单位的竞争策略选择：如销售市场定位、产品差异化策略或成本领先优势等，并且促使该预算执行单位自行挖潜，降低综合成本费用率；同时，该单位调整的空间被限制在损益表中间的成本费用项目的结构性调整上。当预算委员会认为在产品成长期该预算执行单位应该建立技术领先优势，培养客户忠诚度以创造行业进入壁垒时，可以采用一方面加大对主营业务增长率的考察，一方面相对降低对净利润的要求，给预算执行单位留下更大的广告费、研发费等支出空间，以此形成应有的商业模式和盈利模式。再看预算资产负债表，当ROE和净利润总额同时确定的情况下，考虑到当期资本投资预算，如给定期初净资产，则可得到报表中的预计期末净资产。另外，结合目标体系中对资产负债率的管理要求，则预计的期末资产总额和负债总额也能够方便求出。最后是现金流量表，通过目标利润净现金率可以由预计净利润直接导出预计营业现金净流量，而这正是现金流量表中最为重要的一部分。由投资活动和筹资活动所引起的现金流量可以结合资本预算和资产负债率来完成测算。三张预计财务报表的完成意味着计划预算编制的基本结束。

　　第五，便于计划预算管理与计划预算调整。在上述图示中，可以把预算执行过程中的调整与追加区分为以下两种情况：其一，只调整预算报表中的预算数据，不得调整KPI业绩合同的情况；其二，同时调整预算报表数据和KPI业绩合同基数的情况。这两种情况对公司战略的影响程度是不同的，前者不会影响战略实现，是"表内"消化与结构调整，可以适度下放这类预算调整审批权限；

后者则是对战略安排的重新调整，这类预算调整审批必须集权。

总之，这就是说财务战略管理的任务必须将企业战略目标、分析技术和管理程序结合在一起，寻求和挖掘价值驱动因素并使之工具化和制度化，保障管理当局和员工理解、落实价值增值目标和可持续发展战略。

作为学者，这些年我在不同学习班讲授"汤三角"内容后，总是能够受到一批企业的肯定和采纳，每当想起这些，自恋情绪油然而生……

（根据原载于2007年《新理财》第4期"和谐发展战略与财务三维度"文章改写）

战略规划中关键成功因素的财务实现

研制公司战略就是要确立战略的起点、描画未来的盈利模式和关键成功因素（KSF）。所谓"成功"只能是"最大化"股东价值。不过本文要阐述的是战略规划中 KSF 与公司价值目标是否一致以及如何一致的问题。如果缺乏对 KSF 的价值因素"检验"和财务分析，可能会使战略规划茫然漂泊或误入歧途。我很欣赏"关键价值驱动因素"（KVD）具有"牵引"和"检测"KSF 的主张。价值驱动因素是从理论上对股东价值模型与变量的逻辑分解，KVD 是"关键"的价值驱动因素，强调重要性的控制变量。以 KVD 为基础的 KSF，是在对价值驱动的重要性关注的前提下，更为重视管理实践中的"实施性"，是能够使之"成功"（价值最大化）的 KVD。这就决定了 VBM 框架下 KSF 的目标在于价值增值，源自战略，直截了当地把战略规划、关键成功因素探讨和财务价值分析整合在一起。

这种整合的特征包括：（1）聚焦价值导向。基于 KVD 的 KSF，其属性与价值驱动因素是保持一致的。拉巴波特认为，影响公司价值的因素可以归纳为自由现金流量和资本成本两大类因素，分为宏观和微观两大层次：宏观的价值驱动因素有销售增长率、销售利润率、所得税税率、固定资本增长率、营运资本增长率、公司价值增长期、资本成本七个；而微观价值驱动因素诸如市场规模、零售价格、设备重置、资本结构等多达二十多个。（2）彰显战略个性。细化战略是 KSF 的属性之一，战略的复杂性、多元性不必赘述。KSF 之所以关键与特殊，就在于其依据的战略背景不同，战略重点不同。无论是"低成本"、"差异化"还是"聚焦"战略的差异实际上都体现于 KSF 的不同。战略的个性特征赋予了 KSF 的非可比性，并实现竞争优势的不可复制性，从而谋求股东价值持续增值。（3）强调内在因素。价值驱动因素强调"价值驱动"，囊括了内在的与外在的各种因素。战略主导的 KSF 与外部环境是分不开的，但 KSF 突出的是企业内部的、偏重通过主观努力改善的因素。换言之，KSF 的内在性强调的是其可控性。只有内在性的 KSF，对于 VBM 才有意义。（4）突出 SMART 特征。较之价值驱动因素，KSF 更为可操作的原因在于其符合 SMART（特定的、可计量的、可达到的、责任相关的、特定时限的）原则，使得 KSF 能够不仅个性、定性地刻画价值，也为各级管理层与员工进一步实现价值增值提供了操作方法。（5）盯住"关键"不放松。KSF 是最重要、最集中、对价值贡献最大的驱动因素。寻找 KSF 的根本依据在于其对价值增值的贡献大小。决策者和管理层对既定的战略进行分解和剖析，确定各个价值驱动因素和成功因素对整体价值的贡献，按其贡献程度进行排序，从而确定 KVD 和 KSF。

提到"关键"，我们也不能回避关键业绩指标（KPI）。KPI 连接着战略制定与战略执行，并将战略目标责任化。可以说，KVD 主要是从价值目标的视角出发偏重于定量分析，KSF 则主要是从定性的角度为管理者提供了 VBM 的思路，解释了战略；而 KPI 是 KSF 在关键行动计划的实际应用，把 KVD 与 KSF 人格化、契约化，它既有定性的方向与举措，也有定量的目标与时间要求，所以 KPI 制度对长期战略进行了短期安排，是 KSF 在管理中的延伸。

按照这一基本逻辑关系，每个公司应该也可以在透彻分析、整合互动自身 KDV、KSF、KPI 的战略规划流程中，以战略为主导，建立一个包括结果和驱动因素的、财务与非财务的 KPI 指标体系，并采用财务价值分析工具（比如 EVA），关注战略的模拟与分解，建立起能够有效反映价值与业绩驱动因素及其变化参数的价值模型（或者叫价值地图）。这种模型有助于企业有针对性地进行战略表达，形成变量描述比较系统、数据说明较为翔实，便于进行假设分析和敏感性分析的"模板"，最终便捷地在计算机 VBM 软件或 EXCEL 表格上把各种变化结果直接表示为公司财务价值，"可视化"地彰显公司价值变化的因果关系和具体增值细节。据我所知，这种"战略价值模型"是近年来不少国外管理咨询公司的 KSF。

VBM 下的战略不是虚无缥缈的海市蜃楼。而增长、盈利、风险战略三维度从战略视角，系统整体地进行多因素、多变量的三角构架，同时关注战略重点、经营的短板与非等边三角形的构造，提供了寻求 KSF 并使之应用于实践的逻辑思路。VBM 框架下 KSF 聚焦价值导向，彰显战略个性，强调内在本质，突出 SMART 特征。而 KPI 的延伸完成了 KSF 的夯实价值、落地战略的效用，更强调现金标杆，以及对财务型 KPI 与非财务型 KPI 整体性、系统性的综合应用。

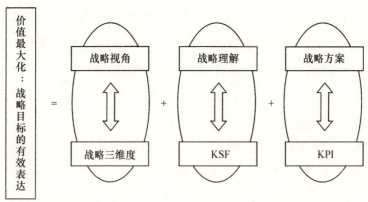

综上所述，VBM 框架下价值最大化战略的表达在于：战略视角的"汤三角"、战略理解的 KSF 和战略方案的 KPI。

（根据原载于 2007 年《新理财》第 3 期"'关键'的整合"文章改写）

二、战略财务的研制

为财务上的投资预算增添"战略"内涵

某日,我应邀出席一个公司举办的内部"财务战略五年规划"座谈会。对于这种把"财务"与"战略"进行整合的规划我很感兴趣,特别欣慰的是该公司的确提出很多有创意和挑战性的财务战略目标,比如融资创新、目标资本结构、公司长期再投资能力(自由现金流量模型构建与运用)。然而,整个财务战略就是缺少"投资规划"(资本预算),对此我质询该公司财务总监,她的答复是:投资战略不属于财务战略范围,我们公司将其划归"战略投资部"负责,财务部门只是"参谋参谋"。这番答复使我陷入了"财务"、"投资"、"战略"三者关系的"辨析"思考。

财务科学的核心内容包括"资本预算"、"资本结构"和"股利分配"三大模块,但是我们打开现有财务教材,我们发现"资本预算"的内容主要集中在"必要报酬率"、"资本资产定价模型(CAPM)"、"净现值、内部收益率等资本预算指标"、"投资组合"等。这些内容都是关于资本预算、长期投资的效益与风险评估,侧重资本预算分析的财务"分析技术"。再者,财务专业中"投资学"的课程内容主要针对金融市场的"证券投资"。众所周知,企业在金融市场上的证券投资与在商品市场上的实业投资,尽管都是以盈利为目的,都必须兼顾"盈利性、安全性和流动性"三性原则,但是在投资理论、决策条件、目标导向、过程控制方式等诸多方面两类投资行为的差异实在明显。第一,投资的条件不同。证券投资几乎只与"钱"有关,只要有钱就立即可以实施证券投资。而实业投资却是"仅仅有钱是不够的,没有钱是不能的"。它需要技术、工艺、组织、营销、人力、品牌等多种条件。第二,投资的对象属性不同。证券投资的对象如股票、债券就是市场交易对象,其流动性是至关重要的。实业投资的对象有的是交易对象,如产品;但是,大部分投资对象不是交易对象,如固定资产、无形资产,它们属于生产工具,对于这些生产工具的"流动性"显然不是首要的投资决策标准。第三,投资的核心理念有别。证券投资应该特别关注"投资组合",强调"不要将所有鸡蛋放在一个篮子里",以消除风险、平滑收益。实业投资特别强调"核心竞争能力"、"把所有鸡蛋放在同一篮子死死盯住它"、"集中优势兵力打歼灭战"等理念,实施一元化投资策略。实证研究的结果表明,奉行"东方不亮西方亮"的无关多元化实业投资的结局往往是"低回报、高风险"。第四,对风险的关注重点不同。由于"非系统性风险"能够被投资组合"消除",所以证券投资只是特别关注"以 β 系数为代表的系统性风险"。实业投资同时关注以固定成本为"支点"的"经营杠杆系数"或"经营风险",也关注以利息为"支点"的"财务杠杆系数"或"财务风险",并且对两类风险一视同仁。第五,对投资"收益"的内在要求有别。证券投资谋求的收益,是获得的股利、利息,或是"一次性"的"资本利得"。实业投资谋求反映核心能力和与持续经营能力相关的"主营业务利润"或"营业利润",它强调应该扣除一次性、与持续经营能力无关的"非经常性损益"。所以,对于一个致力于谋求商品经营"主营业务利润",而不是从金融市场上获取资本利得等"投资收益"的企业,证券投资与实业投资是不能一概而论的。

我列示这些区别,不是说证券投资与实业投资根本不是一个概念,我只是想表达一个观点:实业投资与战略规划"水乳交融",相比而言,证券投资与"战略规划"的关联度很低。现行财务学科中投资学尤其是资本预算太缺乏"公司战略"成分，或者说投资学隔离了"财务"与"战略"的内在逻辑。难怪，类似上述公司的 CFO 们认为："投资战略不属于财务战略范围"。

什么是公司战略呢？简单说来，战略就是公司未来定位是什么、该做什么、不该做什么、为什么、什么时间或何种节奏做、具体的行动方案是什么、收入和盈利将会是多少，从而形成了企业一整套关键的盈利模式和财务运行机理。看来，公司战略的核心问题是"投资"问题，战略方针的差异基本上体现在与商品经营相关联的投资方向、具体项目、投资对象、投资区域、投资性质、金额大小、时间节奏等方面。

这样一来，我这里强调应该对现有财务投资学的内容与结构进行"战略化"改造，为财务上的投资增添"战略"内涵，具体路径包括：（1）财务投资从证券市场向商品市场的转变。公司战略重点一定是在商品市场。证券市场充其量只能是财务投资的附属市场或商品市场的补充。其实，商品市场是企业经营的主要战场，实业盈利是公司内涵价值的根基，证券市场显示的是公司"市价"。公司的市场价格决定于公司内涵价值。（2）财务投资的基本任务是形成长期的、固化的公司格局与盈利模式。财务投资实现对独特的盈利模式的构建，就是着眼于培育与提升具有本企业个性优势且难以复制的核心竞争力。（3）聚焦公司的"主营业务收入"和"毛利水平"预测分析。如前所述，公司战略主要与主营业务利润相关联。实业投资决策分析务必"精细化"投资项目后可能取得的"主营业务收入"，因为它是投资成功的关键价值驱动因素（KVD），需"精细"到销售规模、单品价格、品种结构、顾客结构、时间节奏、地域分布等。只有这样对主营业务收入进行立体的、多维的评估与测算，才能刻画投资规划的战略价值。对此，我很难忘记一份日本公司的"投资可行性分析报告"，整份报告达 300 多页，其中对"主营业务收入"这个数据的测算内容就超过 120 页。而且，可以肯定完成这部分内容花费的时间与精力超过完成整个报告的一半。（4）在对"投资额"的分析中，不仅要区别"付现投资与非付现投资"、"长期投资与短期投资"等，而且特别需要细化和考虑"流动资产"、"固定资产"、"在建工程"、"无形资产"等规模与结构，因为它们的差异首先不是投资品的"流动性"，而是其组合决定着战略结构与盈利模式。（5）财务学中资本预算分析有一个"投资与融资相分离"的基础假设。资本预算中"忽视融资利息和融资现金流"是为了避免利息与资本成本的重复计算。在实际的投资分析中如果忽视融资现金流，不顾利息资本化与费用化对公司的现实影响，则隐含分析陷阱。（6）要放弃财务投资分析中"线性假设"、"直线回归模型"、"单变量分析"等思路，在投资分析中加大产品生命周期分析和供应链分析。我们希望通过上述六个方面，实现财务投资在战略上的"转轨、变型"。

当然，财务学投资要向战略靠拢，这只是问题的一个方面，还有一点也是不可缺少的，即实业投资的决策中应该"导入"财务学上资本预算的一系列理念和工具，这些理念包括：（1）货币时间价值理念；（2）现金流至尊理念，使用现金流而不是利润；（3）机会成本理念；（4）增量现金流量或边际收益理念；（5）净现值大于零或者内部收益率大于资本成本率理念等。离开了这些理念和工具，实业投资分析就缺少归依。

总之，实现"财务投资规划"与"公司战略"的"无缝连接"是财务战略不能小视的。

（根据原载于 2007 年《新理财》第 5 期的同名文章改编）

多元化公司财务资源如何配置？

1. 问题的提出：从一次与总会计师的提问谈起

2010年年初某日，与一位国企总会计师喝茶聊天，这家公司投资项目多，涉及产业业务跨度大，诸如进出口贸易、物流、房地产、酒店、能源、矿产等。另外，因各种历史原因总公司下属企业的层级超过五级，并存在内部交叉持股现象，股权结构比较复杂。他向我提出了几个极具挑战性的问题，包括：（1）作为总部，应该如何识别、判断和评估整个集团所拥有的财务资源规模和分布？尤其是如何便捷地、工具化地判断公司的股权投资、负债（内部往来）、担保、开证情况等资源的利用与分布情况？如何准确把握总部及各下属企业的可利用财务资源、已利用财务资源与剩余财务资源，以达到对整个公司的财务资源心中有数？（2）在集团整体战略变革与调整过程中，财务总部如何把握不同产业、业务间的财务资源配置、调整机制，确保财务配置上既能满足战略变革与创新的需要，为集团的可持续发展提供支撑，又能保证财务资源的适当流动性和风险储备？（3）如何构建立足于"资源投入—效益产出"投资绩效评价，又充分考虑不同产业的盈利模式和投资周期的差异，总部如何差异化评价下属各级企业的资源利用效率与效果？

我当时对这几个问题的回答很粗糙，我自己也并不满意。由此引发了我对这些问题较长时间的思考，原因倒不仅仅是我那天回答得不理想，而是所有财务教材和文章并未提及这些问题，更谈不上能够答疑解惑的阐述分析。我还坚信这些问题是在多元化经营的集团企业都会面临的问题，是这些公司 CFO 或 CEO 必须回答的问题。这就是我写作本文的起因和动机。

2. 关于公司财务资源等相关概念的界定

什么是公司财务资源？如何界定？我觉得对于一个持续经营而非初创期、多元化、多层级的公司（集团企业）来说，财务资源的项目应该包括公司账面上可动用现金、多余且变现能力强的资产和因改善效率而可能释放的财务资源、低杠杆资本结构下储备的负债能力、未动用的股权融资能力、集团资产和资信支撑的担保抵押开证等可能形成的财务资源以及集团金字塔效应形成的衍生财务资源。下面分述如下：（1）现金储备尤其是自由现金流量（FCF）。公司的现金有多种表现，如货币资金余额和经营性现金流量（OCF）等，这里主要讨论 FCF。其实能够作为财务资源来考虑的只有 FCF。FCF 是"OCF 扣减预计资本性支出后的余额"，是充分考虑到公司的持续经营或必要的投资增长对现金需求后的余额。"正"或"负"的 FCF 是战略稳健与激进的重要标志。负的 FCF 肯定是过度投资造成对融资"供血"的依赖。正的 FCF 才是超过有效投资需求后的现金结余，也就使 FCF 成为"最高质量"的财务资源。（2）可以出售的多余固定资产和储备的土地，或者因改善运营效率、提高流动资金周转速度，而相对节约的资金占用可能释放的财务资源，或者削减付现成本税费而增加的财务资源供给能力。（3）流动性较强且无重大战略价值的股权投资或证券投资。（4）保守的财务杠杆。财务杠杆是资本结构的显示器。有些企业始终保持较低的财务杠杆，这既是经典的风险管理策略，也是确保再负债融资的财务能力储备。正如有学者一针见血地指出："不要愚蠢地认为你的企业或所在的行业存在某种最佳资本结构。最佳资本结构只存在于你公司的预储备（preserve commitment）和后储备（post-reserve commitment）工作阶段。公司现实的资本结构要么处于相对保守稳健，要么处于相对激进。"（5）可以动用的股权融资。对于集团企业来说，这既有总部"母公司股东"的股本融资，也包括下属控股企业可以开发的"少数股东权益"的股本融资。（6）能够迅速转为现金的表外融资规模，如提高抵押担保形成的再筹资水平。（7）集团内部"金字塔形"的股权结构隐藏的衍生融资规模。一个拥有多级法人的集团"金字塔"层层连锁控股使其可依据一笔股权资本在集团内部以上下不同法人身份数次取得外部融资，包括"少数股东权益"和负债，尤其是银行贷款，从而对其总公司控制和拥有财务资源发挥很大的杠杆效应。

从这些外延，我们可以归纳一个集团公司的财务资源具备的特性有：（1）现金属性，要么是现有现金提供能力，要么是在一定时间里获取现金的能力与规模。（2）分散性，一个集团的财务资源一定是"散落"在每张财务报表之中。分析判断财务资源供给能力一定要全面分析资产负债表、利润表、现金流量表和股东权益变动表，还要综合分析母公司报表和合并会计报表。财务资源水平是其存量和增量的综合考察，也是表内和表外的全盘分析。简单以财务杠杆的高低、流动比例的大小、现金储备的多少来界定财务资源能力肯定是片面的。（3）财务资源规模具有很高的机会成本。（4）财务资源的规模大小不仅取决于集团内部的客观条件，也取决于集团公司财务管理与运作的主观水平。

本文立足于多元化经营的总部如何有效配置财务资源问题。为何聚焦多元化经营的公司呢？因为多元化经营公司比一元化经营公司的财务配置决策更具挑战性。为什么立足公司总部呢？因为公司总部理应承担起财务资源配置的重任，应该成为整个公司财务资源配置的中心或主体。

另外，本文所指多元化经营既有产业与产品的多元化，也有投资经营工具与方向的多元化。其中，一个多元化公司资源配置最为基本的去向为实业投资和股权投资。实业投资涉及的内容十分复杂，但是都与构建企业持续竞争优势和盈利能力有关，既有同一行业的不同产品经营，也有以构造产业链为目的的投资，还有追求无关多元化的投资；既有布局企业核心的投资，也有孵化培植产业的投资。而股权投资目的具体又分为以多元化发展为基本目标的战略性投资，以及以投资收益率为首选的、权益具有高流动性的财务性投资。所以，从这个内涵出发几乎所有的公司都可以列为多元化经营公司。

3. 多元化公司财务资源配置的基本取向

财务资源配置无疑是公司财务决策的基本议题，更是多元化公司的难点问题。多元化公司资源配置的关键是在多元化公司快速扩张的趋势下，保持战略发展、投资规模、财务能力与财务结构、投资回报等之间的平衡与协调。多元化公司资源配置的基本取向如下：

（1）以追求投资高回报为财务资源配置的首要原则。资源配置通过对不同产业的发展规律、各类产品与产业的盈利模式特点的投资组合来评估多元化公司战略，并最终服务于公司投资回报与价值增值。各类财务资源配置均必须以取得较高投资回报为基本取舍原则。这条原则实在特别浅显，但是在"发展才是硬道理"、"服从战略要求"的口号下经常被企业搁置或主次倒置。其实，由于获取财务资源的高资本成本，资源配置应该强化获取超过机会成本的超额回报。

（2）服从或服务于公司整体战略布局。资源配置必须在公司整体战略目标下进行规划和设计。从战略层面上说，企业财务资源配置属于战略性资源分配，财务资源配置也就必须支撑战略规划，战略规划也必须考虑财务资源的供给能力；多元化产业公司还必须厘清什么是优先保证供应的产业，什么是次优保证供应的产业，及其配置如何组合。

（3）恪守量入为出、财务稳健原则。为确保企业项目有可靠的财务资源，公司应当尽力拓宽权益性财务资源，尤其应从防范风险的角度，根据外部环境的变化不断调整和优化资源来源结构，努力使负债水平保持在一个合理的水平上，将财务风险控制在自身的承受能力范围之内，确定恰当的长短期负债比例，达到优化资本结构和负债结构的目的。战略扩张不能以损害流动性为前提。保守地预测财务资源供给能力，充分地估计各项投资需要的财务资源，坚持资源量力而行、留有结余的基本取向。

（4）实施动态整合、平滑资源供应与效果原则。多元化公司内部资源需求在时间阶段、项目分布、收益能力和风险水平方面存在众多差异，资源配置的效果就需要把握不同产业、产品、投资之间在资源需求上的决定机理与脉络，从财务上鉴别各业务资源的"投入—占用—回收"的差异状况，为公司的可持续增长与资源动态配置提供思路。

4. 公司总部必须成为财务资源配置主体

多元化经营成功的根本取决于公司总部的资源配置决策、管控与协调能力，这种能力的形成需要有管理理念、管理体制和管理工具的多条件保证。就公司总部而言，总部财务资源包括各业务或投资上占用的总部的各类财务资源，包括总部净资产、总部提供的贷款、对总部的欠款、总部提供的信用担保等。

（1）在管理体制上，总部必须是财务资源配置的集中决策者。与多元化公司组织管理体制相适应，多元化公司资源配置方针、运营监督、业绩评价的决策权应该在公司总部。下属各单位不得作为财务投资主体。在确保和增强公司总部财务资源实力的同时，夯实各业务单元财务资源使用与运营的效率，实施专业化运作，培育专业化运营的业务板块或子公司，平滑各业务板块的经营风险与财务风险。

（2）在管理基础上，总部是整个公司财务资源的主要提供者。多元化公司的投资项目多，业务跨度大，公司的资源要素（财务与非财务资源）构成也就非常复杂，但是总部必须有能力及时掌握、控制、协调公司拥有的财务资源。总部需要从财务视角对长期股权投资、负债（内部往来）及担保情况等有限资源的利用情况进行摸底，能够熟知总部及各下属公司的可利用财务资源、已利用财务资源与剩余财务资源。

（3）在管理思路上，总部应该充当综合的、多维度的资源分析者。既有对公司资源的总体分析，更有对重点企业、产品与投资的具体把握；既有横向行业标杆比较分析，又有纵向的战略回顾；要善于立足于战略发展、收益能力和风险水平等不同视角综合反映总部资产和收益状况、各下属业务单元的资源利用效率与效果，以此为基础设计公司内部差异化的预警机制和业绩评价指标体系。这种分析能力既把握定性情况，更重视用数据说话。

（4）在管理技能上，总部应该是管理知识"溢出"型总部。总部对于下属业务单元的资源配置状况应当能够输出管理技术和管理方针，能够对下属业务单位及业务单位之间施加纵向单线影响和横向关联影响，并重点对下属单位的资源运营效率和风险控制提供持续、制度化的管理咨询。

5. 多元化公司财务资源配置的基本方式

以公司总部为主导，并非公司内部所有业务单元都能成为财务资源分配的对象。这需要进行项目评估与筛选，选择标准主要看资源是否符合公司总部战略发展方针，尤其是能否促进各业务单元的竞争力和盈利能力的提高。基本方式可以是：（1）为避免过度多元化，整个公司业务单元的数目不宜太多，比如应控制在10个以下，并以6—8个为宜。（2）为了分散风险，各单元之间业务上不宜有太多关联，并杜绝未经总部同意进行资金往来、相互持股和相互担保等。（3）根据各业务或行业发展前景、行业内的竞争态势，公司内部各业务经营业绩和财务状况，以及每个业务对财务资源需要的轻重缓急，应区别对待。（4）总部要对市场需求、行业内部状况做大量调查研究，以及对各业务单元的经营业绩和财务状况做出差异化的财务资源配置模式。

我考虑可以借鉴波士顿增长—占有率矩阵法（Boston Consulting Group Matrix，BCG），它描述多元化公司各分部、业务单元在市场份额和产业增长速度方面的差别：（1）巩固现有的"明星"业务单元；（2）通过资源配置调整，把有希望的"问号"转变为"明星"业务单元；（3）来自"现金牛"的财务资源转向配置于对某些"问号"的开发和未来"明星"的资助上；（4）对前景不明的"问号"应减少或停止资源配置，以避免或减少企业资源的浪费；（5）完全停止对"瘦狗"的投资，退出所在行业；（6）整个公司如果缺少足够的"现金牛"、"明星"，就应采取并购或退出等战略对整个公司的业务结构加以全面改组。

不过，波士顿矩阵法的四个象限，有时可能略显简单，采用行业吸引力—竞争能力分析法，能够确定拟进入的产业和已存在的产业在企业战略矩阵中的位置。行业（市场）吸引力所含要素有总体市场规模、年市场增长率、历史行业毛利率、竞争激烈程度、技术和资本需求、社会、环境、法律及人力影响、季节性、周期性、兼并机会与威胁、进入和退出障碍等。行业前景分为吸引力强、吸引力中等和无吸引力，并以市场增长率、市场质量、市场的盈利稳定性以及其他环境因素等加以定量化。竞争地位（业务单元能力）所含要素包括相对市场份额、相对于竞争者的毛利率、在价格和质量上的竞争能力、对客户和市场的知识、竞争的优势和弱点、技术能力、管理才干等。业务单元的竞争能力分为强、中、弱三个档次，由市场地位、生产能力、产品研究和开发等因素决定。综合考虑行业吸引力和经营单位的竞争能力，由矩阵来制定各经营单位在总体经营组合中的位置，据此来制定不同的资源配置战略。然后，进入业务评价程序，对于公司所有业务或产业，根据各自市场吸引力和竞争地位分别确定的强、中、弱三个档次，确定在整个矩阵上的位置，对于落入不同区域的业务单元，采取不同的配置策略，以此构建整个公司的动态、差异化、量化的资源配置体系。

6. 多元化公司财务资源的绩效评价模式

多元化公司资源评价的基础作用不在于如何确定所属企业占用的财务资源到底是多少，而在于关注各业务单元利用财务资源创造企业价值的能力，并通过这种能力的预警来关注公司未来的成长性和潜能。基于此，集团公司必须建立一套能够关注各所属企业财务资源利用的综合效果，如财务资源对战略的实现程度和公司持续竞争能力的改善程度（业务增长）、对公司整体盈利水平的提升和贡献程度（盈利水平）以及财务资源配置潜在的风险承受能力（风险防控）等多维度绩效评价模式，全方位识别与驱动公司价值的各类因素和资源整体利用效率。本文提出以财务资源周转率（主营业务收入÷财务资源）、财务资源回报率（EBIT÷财务资源）、成本费用利润率［EBIT÷（主营业务成本＋期间费用）］、自由现金流量/财务资源、流动资产周转率、财务杠杆率、总部财务资源/公司整体财务资源这七大指标为主的财务资源绩效评价与分析指标。这七大关键指标构成的评价模式,既考虑了财务资源"投入—产出"这一核心要求,又结合了战略发展与风险控制的要求,还致力于构造总部有资源操控能力的多元化财务配置体制。

当然,以此为基础在绩效评价中应该遵从多元化的战略导向,对不同战略导向的业务所属企业采用不同的业绩评价指标或权重:对于强调扩大市场份额的公司或者业务类型,要加强对收入指标的考核权重;对于强调利润导向的公司或者业务类型,则要加强对利润指标的考核权重;对于强调现金流和低风险的公司或者业务类型,要加强对现金流或财务杠杆的考核权重。

最后,基于财务资源的现金性和分散性,在业绩评估中对于"财务资源"数据的选择,必须跳出会计报表范围。即使分析会计报表内的数据,也不能简单采用公司"合并会计报表"或"母公司报表"的数据,理由是合并报表中的"抵消分录"会抵消各业务单元实实在在占用的财务资源。

(根据原载于 2010 年《财会学习》第 10 期同名文章改写)

融资战略的重心是权变性地满足有效资金需求

讨论公司融资有多种切入点，诸如融资方式、融资成本、融资风险和融资结构等。我认为迫切需要从战略视角分析和把握融资决策问题。立足战略分析，融资的首要目标是适时、足额地满足有效益的资本预算、投资战略、生产经营所需要的财务资源，防范"巧妇难为无米之炊"。所谓适时，是指企业在融资过程中，必须按照投资机会来把握融资时机，在投资计划或时间安排上，确定合理的融资计划与融资时机，以避免因取得资金过早而造成闲置，或者取得资金的相对滞后而影响投资时机。所谓足额，是指企业在融资过程中，无论通过何种渠道、采用何种方式都应预先确定资金的需要量，使融资量与需要量相互平衡，防止融资不足而影响资本开支和有效经营活动的正常开展，同时也避免融资过剩而降低融资效益，这一点是显而易见的，但却经常被理论和实践忽视。

与适时、足额问题相关联的问题是考虑"什么项目配置什么资金"或者"什么用途筹什么钱"等问题，这就表明我们应充分把握资产负债表左右两边的内在关联与差异，设计与运作公司融资问题。绝对不能简单割裂融资与投资的固有联系，"只见树木，不见森林"地剖析融资的内在战略。

教科书上，从资金使用（投资）与长、短期资金来源的配比关系不同主要有三种可供选择的资金营运政策类型：

（1）配合型融资政策。其特点是对于临时性流动资产，运用临时性负债筹集资金满足其资金需要；对于永久性资产（永久性流动资产和全部长期资产），运用长期负债和权益资本筹集资金满足其资金需要。它的基本思想是将资产与负债的期间相配，以降低企业不能偿还到期债务的风险和尽可能降低债务的资本成本。

（2）激进型融资政策。其特点是临时性负债不但担负融通临时性流动资产的资金需要，还解决部分永久性资产的资金需要。所以这是一种收益性和风险性均较高的资本融资政策。

（3）稳健型融资政策。其特点是临时性负债只融通部分临时性流动资产的资金需要，另一部分临时性流动资产和永久性资产则由长期负债和权益资本作为资金来源，这是一种风险性和收益性均较低的资本融资政策。

我之所以单独重复教科书里已经阐明了的这三种融资与投资配比政策，只是想强调这是融资规划与战略最相融合的"知识点"。它充分说明了融资规划必须结合"募资投向"来考虑，而且融资政策的差异充分说明了融资战略必须具有的权变性。

再者，流动比率指标是流动资产与流动负债的比值，有财务常识的人都会熟知该指标通常有大于1.5倍或2倍的数值要求，这是基于流动性和偿债能力的考察。如果从融资规划分析，这个2倍比率的要求实质就是短期负债融资必须全部用于流动资产投资，而且有二分之一的流动资产资金需求应该由长期融资解决。换言之，企业随时做好了将流动资产打五折的安排以应对流动负债的支付压力，这种固化的比率要求是财务稳健的标志，也由此构造起了一道长江防线：无论如何公司都不能用长期资产来偿还流动负债。一旦企业"贫穷"得只能以长期资产去应对流动性压力，谁都知道企业处于何种境地。

这种稳健的流动比率要求也就对应了财务上不能"短贷长投

（即短期贷款用于长期性的固定资产和并购类投资）"。而且实践中我们看到，包括德隆在内的企业死于"短贷长投"。因此，很多人将"短贷长投"列为企业投融资的"高压线"。从稳健经营、控制风险的角度来看，这是绝对正确的，尤其是对于那些崇尚"跨越式发展"、执著扩张的企业来说，完全有必要时刻提醒这种职业谨慎。但是这种僵化的流动性"配比"要求与公司战略的多样性和权变性是相悖的。所以"短贷长投"、"流动资产投资全部用短期负债融资解决"等也不绝对是战略的"禁区"与"高压线"。我的研究分析结论是，在同时满足下列条件下就可以采用"短贷长投"：（1）企业流动资金周转快于行业平均水平；（2）安排比较保守的现金储备；（3）流动负债比例较高，但长期负债比例较低；（4）"短贷长投"的金额控制在适度水平。

其实，据文献资料介绍，像海尔公司等越来越多的企业极力推行"零营运资本（企业流动资产减去流动负债后的余额为零）"策略，这是对固化的"2倍流动比率"经营理念的挑战。显然这种"流动资产与流动负债"的匹配要求具有极高的风险性，也就意味着对物流、资金流、信息流的速度提出了极高的挑战和要求。"零营运资本"策略既是一个融资问题，也是一个用资问题；既是一个涉及公司盈利模式的战略方针问题，也是一个涉及需要"持续改进"的执行能力问题。

所以，权变性和配比性是融资战略应该考虑的第二个层面的问题。与这些适时足额、权变性的要求相比，公司融资成本和结构等的其他问题都属于次要问题。基于这种战略上的考虑，我认为公司财务融资理论中对不少问题的分析重点实属本末倒置，或者"以其昏昏，使人昭昭"。比如，融资理论特别关注的是融资成本，尤其是综合资本成本（WACC）。我们必须懂得对于 WACC 的考察，它主要不是为融资决策服务，而是直接服务于公司估值。公司估值需要把资本成本作为一个基本变量来对未来所有的现金流进行折现。实际上隐含着这样的假定：公司能够以一个固定的比率来锁定其资本结构。既然 WACC 计算的终极目的是评估公司价值，但是计算 WACC 的前提却又需要已知权益资本与债务资本各自的价值，这样就似乎陷入了一个互为前提、自我循环的怪圈。这就是我经常说的，融资理论中对资本结构的研究耗费了无益的"大量的人力、物力"。

我至今也无法理解包括获得诺贝尔奖的 MM 理论对公司实际融资战略有什么意义！也许我并未读懂 MM 定律，但是现在我作为一名商学院教授，也不想再读这些晦涩的理论模型，而正因为如此我有时候调侃自己不是搞财务的，或者不懂财务，这不是本人的过多谦虚，而是一种单纯的无奈与无趣！

（根据原载于 2007 年《新理财》第 6 期"权变性满足有效资金需求"文章改写）

归核化 or 多元化

——投资战略绕不开的结

投资经营的专业化是指将企业的投资与业务经营重点放在某一特定的生产领域或业务项目上,投资通常伴随着生产经营规模和市场规模的扩大,而不会引起经营结构和商业模式的巨变,其优势不仅体现在很易获取规模经营效益,而且体现在很易推行整齐划一的管控模式,但理论上认为这种策略存在较大风险,其原因是特定产业与市场的容量有限,产业发展有其周期性,从而使企业所属产业或产品处于衰退期时面临无法分散的风险。多元化是指投资产品和业务经营分散于不同的生产行业或不同的业务项目,多元化必然伴随着经营结构与市场结构的改变。作为一种战略取向,多元化意味着企业面临不同的进入壁垒,需要将资源优势分散于不同的产业或项目。多元化在理论上被认为是通过不同产业或产品实现盈亏互补、平滑收益和整体经营风险的战略举措,但是也极易出现"狗熊掰棒子"的投资结局。这是两者利弊均沾的基本理论主张。但是现实中民企在面对关乎企业命运的重大问题时究竟该如何决策?我们先看两个民企的案例。

案例1 归核化:农业"新希望"

从20世纪创业至今的这一批中国企业家,大都敏感于行业大气候的变化,新希望集团的刘永好也不例外。新希望新近提出了"三链一网"的战略经营框架,试图通过资源整合的方式,来打造世界级现代农业集团,目标是做一家像美国泰森食品(Tyson Foods

Inc.）那样的农业公司，后者是全球最大的鸡肉、猪肉、牛肉供应商。这让以养殖起家的刘永好，如今又再度回到养殖业，只不过这一回他看中的不是鹌鹑而是猪的养殖，并同时着手将业务下延到屠宰、加工环节。

三链一网中的"三链"分别是奶牛链、禽链和猪链，"一网"则是农村电子技术和商务网。之所以曲线回归养殖业，刘永好的理由是立刻进入这个行业规模生产，赢面很大。"以前，你的竞争对手是散户，他们不算成本，高也卖，低也卖；主导市场的力量是散户，你无法与他们这种不计成本的经营方式竞争。现在农民进城务工，自动放弃了这种模式。空当出现了，这是机会，长期而言，对行业发展来说是好事。"

2005年，新希望出资收购山东六和集团，后者主要生产鸡饲料。在屠宰、加工环节上，新希望集团也投资收购了拥有奥运猪肉供应商资格的北京千喜鹤食品有限公司。与此同时，往上游延伸，进入种猪养殖环节。2007年10月30日，新希望出资1亿元在河北宽城县投资成立河北新希望农牧有限公司，主要从事规模化的生猪繁育养殖及其配套服务，为千喜鹤提供生猪源。"准确地说，我们建立的是种猪厂、饲料厂、屠宰场。养猪上面，我们主要是和当地的生产合作社合作，更多的是跟农民合作。"刘永好解释道。至此，新希望集团的猪肉供应链条基本形成，逐步完善了"三链一网"的业务板块框架建设。

如果从大农业产业链角度来看，新希望如今已经涵盖饲料生产、动物养殖、流通加工和销售四个环节。"当规模越做越大，你必须做产业链；你必须要种源结合、饲料结合、养殖结合、屠宰结合，形成一个延伸的产业链，也可以说是转型，从单一饲料公司到畜牧业的产业一体化公司。世界级的大公司都这么做，这也适合中国国情。"刘永好强调说。①

案例2　杉杉企业：向控股"商社"演化

2004年8月，杉杉投资控股有限公司成立，杉杉把所有企业重新分类：控股公司控制着包括杉杉集团、杉杉科技集团及其下属的50多家公司，是杉杉企业共同体的最高代表，控股公司董事局是最高决策机构，董事局下设有投资决策和战略发展两个委员会。资产关系是杉杉企业的基本生产关系，总体上以"控股公司—产业集团—产业公司"三级架构为基本组织格局。这一框架最后形成了控股公司管理杉杉集团、杉杉科技集团、杉杉生物集团、科创经贸集团和松江铜业集团。以此为基础，两家作为整合资源上市公司的分工也越来越清晰。

杉杉股份（600884.SH）除服装主业外，主要投资金融和能源材料等项目。金融方面包括宁波银行和创业基金。在新能源领域，杉杉股份的锂离子电池正负材料一直在国内处于领先位置，投资的尤利卡太阳能项目是国内少数掌握将IC工业废片加工成太阳能电池硅片关键技术的企业，这项拥有自主知识产权的技术具有极高的技术壁垒，垄断性突出。

另一家上市公司中科英华（600110.SH）的主业是矿产资源和电子信息材料，近年来更引人关注的是该公司以第二大股东身份间接投资久游网。2006年，中科英华收购了吉林省松原市金海实业的股权，从而间接持有松原油田50%的股权。同时，中科英华正倾力打造"中国辐照加工中心"，这是由国家倡导的先进环保型高新技术产业化示范工程，该项核能源民用化投资，预计将建成中国规模最大、功能最强、规格最全的辐照加工产业基地。

2007年7月18日，宁波银行在A股上市，郑永刚的杉杉股份

---

① 参见《21世纪经济报道》，2007年12月24日。

持有1.79亿股权,与10年前刚投入时相比增值了20多倍,股权价值高达35亿元。在10月份的宁波创业投资论坛上,杉杉投资控股有限公司董事局主席郑永刚透露,成立不久的宁波杉杉创业投资基金主要投资长三角中小企业,投资对象基本要进入行业前十位,已经入围的需要在这笔资金的帮助下晋升三位,由基金帮助做出战略规划,提供增值服务和更多可享用的资源。它们已经陆续参股了新华传媒(600825.SH)、航天通信(600677.SH)、南京中商(600280.SH)和百联股份(600631.SH)。最近杉杉股份还出资认购了华创证券12%的股权,而中科英华也入主郑州电缆集团。"尽管投资了很多行业,但我是有自己的理念的。中国人习惯上把做得好的一行长期做下去,但是做投资与做产业不同,我现在作为投资人,需要把握的是什么时间进、什么时间出。当然做投资要有长远的眼光才行。"郑永刚早期对于杉杉企业功能和发展的定位,更类似于欧美的金融控股公司。8年前杉杉总部从宁波迁到上海的主要目的就是从做产业向做资本转型。"从厂长到总经理,到集团公司董事长,再到投资控股公司董事局主席,我现在的身份是一个投资银行家。"郑永刚说。①

企业的财务资源投向何方、何时投入,企业尤其是集团企业一元化与多元化的投资战略之争可能是战略上财务投资决策中的一个永恒谜团(puzzle),也许正因有这个谜团才有无休止的理论纷争以及相异且多变的现实决策和投资安排。理论上的争吵是学者的专长,谨慎、理性的决策却是民企及其掌门人艰难的任务。

说到理性,我发现我们的不少民企掌门人经常在公司是否应该购买一台几十万元的小轿车等小投资的决策上琢磨几个月,但是涉及战略方针,比如是否投资上千万甚至上亿元的投资项目却匆

---

① 《商务周刊》,2007年12月20日。

忙草率而定。回到多元化问题的讨论，可以肯定企业实施多元化本身无对错，但并非易事，理由是：(1) 世界上除少数多元化最成功的企业 GE、西门子之外，我们看到从 20 世纪 90 年代起，越来越多的跨国公司正在摆脱多元化的泥沼，大举做"减法"，谋求其单一产业的核心竞争能力。(2) 中国民营企业实施多元化投资战略后失败的案例肯定多于实施一元化后失败的案例。(3) 从资本市场分析，有实证研究结论表明投资者对实施一元化的公司估值要明显高于多元化尤其是无关多元化的公司。所以面对多元化诱惑时说"Yes"还是"No"，每个民企必须慎之又慎。

不过，我们强调慎之又慎并不是要对多元化一概否决，学者尤其是财务学者不能对实现多元化一概嗤之以鼻。我觉得有几种情形的多元化应该认真总结：(1) 企业产业和产品转型，而且新进的行业又有较大的发展空间和盈利机会。比如，从雅戈尔历年的年报来看，服装对雅戈尔利润的贡献度越来越小。2002 年雅戈尔的总体销售收入是 24 亿元，其中衬衫与西服的总收入是 13 亿元，占整个销售额的 54%。2006 年雅戈尔的总体销售收入是 60 亿元，其中衬衫与西服的总收入是 17 亿元，仅占整个销售额的 28%。雅戈尔声称不会放弃服装主业，但服装对雅戈尔利润的贡献度却越来越小。从三年前开始，雅戈尔已经开始在地产界有所作为。该公司总收入中房地产所占比例为 34.44%；净利润中，2006 年房地产占比为 35.7%，2007 年中期则达 36.99%。资料显示，雅戈尔房地产收入从 2002 年的 5 亿元，增加到 2006 年的 19 亿元，增加了 280%。(2) 公司在本行业已经达到规模极限。比如，以羊绒衫闻名于世的民企鄂尔多斯集团 2003 年宣布斥巨资建设煤、电、硅合金联产项目。该公司掌门人王林祥说："羊绒这个盘子的资源是非常有限的，全世界的羊绒产量只有 12 000 吨左右，中国占了 8 000 吨。我们已经在羊绒产业上创造了世界第一"，"鄂尔多斯当地煤炭、矿石储量非常丰富，价格世界最低"，"电厂的利润很高，这不仅可以让职工尽快进入小康，还可以拿回来反哺羊绒产业"。（3）规避风险动机。我熟悉一家一直奉行一元化、专营旅游的民企，2003年的"非典"差点把这个经营10年但利润很薄的企业葬送，而后的多元化让这个公司至今充满勃勃生机。

不过，在我的文献库中一直保留着2004年联想总裁杨元庆关于联想多元化的一段谈话："这次变革就是要专注于核心业务和重点发展业务，保证资源投入与业务重点相匹配；其中心目的在于收回联想三年来在多元化道路上迈出的过多、过大的步子……这些问题首先表现在多元化步子迈得过大，2000年的时候，联想业务比较单一，主要业务就是个人电脑，那时候考虑企业要发展到更高境界，就要走多元化道路。而且投资人也不断要求我们增长，当时我们确定了自己的方向，就是联想要做成国际化的、服务的、高科技的联想。但一路走下来，我们发现对多元化管理能力不够，多元化也影响了新业务进程，因为管理、财务资源有限，每一个新业务都得不到应该得到的资源保障，进而影响到了核心业务发展，使得核心业务同样也面临着非常严峻的考验，我们的营业规模、利润增长受到了限制。"我很希望这段精辟的感慨能给那些已经或者试图多元化的民营企业以警示和启迪。理性的多元化标志绝不是有无行业机会，而是企业自身必须掌握一定的核心技术，能有掌控产业经营的实力、较强的资金承载能力和配置资源水平。如果连联想集团都认为自己"多元化管理能力不够"、"财务资源有限"的话，那么我国民企的多元化能力应该更为低下与不足。

所以，实施多元化既有公司内部需要，但更需要内在的能力。应该说我们的民企在决策多元化时，对其必要性往往考虑有余，而对自身能力的分析却明显不足，"过度自信"是较为普遍的投资心理状态。

当然面对类似于杉杉控股公司投资、管理各类产业与业务，还有另一视角的多元化需要讨论。企业投资的动机具体有两类：一类属于实业投资。这类投资谋求主营业务收入和产品经营利润，关注企业的盈利模式，着眼于培育与提升具有本企业个性优势且难以复制的核心竞争力，其投资经营的重点一定是在商品市场上。如杉杉集团投资经营的服装、生物、铜业等，实业投资实属上文提及的"多元化"问题。另一类属于财务投资。这类投资主要谋求投资品"低价进和高价出"的"投资收益"，或者"低价进和高价持有"的"公允价值变动损益"。这类投资经营的重点在证券市场或产权市场，要特别关注投资品的流动性。正如杉杉投资控股主席郑永刚所说："我现在作为投资人，需要把握的是什么时间进、什么时间出。"杉杉股份投资的宁波银行、创业基金和能源材料等项目应该划归"财务投资"。这类财务投资不应该以前述理由简单决断不要盲目多元化，相反应该保持积极主动的投资态势，谋求企业合理规划各类投资的收益性、流动性和安全性的平衡与协调。也就是说，在企业内部能力和资源许可的条件下，既要关注商品市场和商品经营，也要充分利用资本市场开展资本经营，还要关注货币市场和货币经营（比如套期保值）。用会计报表的视角，就是要同时投资经营"三张财务报表"：既要投资流动资产和固定资产类，夯实投资的技术含量和产品创新，谋求主营业务收入、主营业务利润和经营现金流的持续改善，又要配置好各类对外投资，追求最大的投资收益和正的投资性现金净流量，对于这类投资的盈利能力考量可能并不是首要的，首要的是投资退出机制，要在谋求较高流动性的前提下提升其盈利能力。

但是企业实施财务投资也必须注意：(1)分清主次。实业投资是不变的主体，财务投资肯定要次于实业投资。主次的意思是不能因为财务投资而拖累实业投资和商品经营。(2)风险隔离。应该采用"控股子公司"形式独立运作财务投资，屏蔽财务投资的种种风险，防范集团内部资金链的"多米诺骨牌"现象。（3）以能力为前提。财务投资在市场分析、项目选取、尽职调查、财务估值、风险控制等诸多方面有别于实业投资，需要有专门人才和管理能力储备。（4）依法经营。这里是指如果你决定投资银行、保险公司等寄希望于便利地取得这些金融机构的资金，尤其是短期流动资金贷款的话，说明你根本不懂《商业银行法》或有关保险的法律法规。

这些年企业实施产业链投资经营战略是极为时尚的。比如，刘永好说："当规模越做越大，你必须做产业链；你必须要种源结合、饲料结合、养殖结合、屠宰结合，形成一个延伸的产业链。"这里有三个问题：（1）"打造产业链"不属于归核战略。因为"归核"在战略理论上一般是指"一元化"，但是"产业链"属于多元化战略，在战略教材上定位于"纵向多元化"。（2）"打造产业链"很容易陷入"大而全小而全"的境地，这样的教训我们承受得太多。（3）从管控上看，产业链肯定引发公司内部复杂的关联交易。频繁交错的关联交易肯定会增大集团内部摩擦，增加协同成本，从而递减掉产业链经营中的"边际利润"。

记得2005年10月12日《21世纪经济报道》有一则报道："连续4年，雅戈尔老板李如成累计投资30多亿元，营建了一条包括纺织城、服装城及庞大的直营零售网络在内的超级产业链。'他还应该去放羊，因为羊毛也是自己生产的最好。'在宁波杉杉集团董事长郑永刚看来，雅戈尔的做法显得不合时宜。"每当读到某个民企提出"打造产业链"的报道，我会不禁想起郑永刚的这句经典。不过我要说，面对蓬勃发展的中国经济，每个民企尤其是包括杉杉在内暂算成功的民企在投资战略上最难的不是做"加法"，而是做"减法"！

（根据原载于2008年《财务与会计（理财版）》第5期"归核化还是多元化"文章改写）

万科企业财务战略十年轨迹与启示

应该说，财务战略涉及在企业愿景和总体战略引领下，以促进企业财务资源长期、均衡有效地配置和流转为重点，以资本筹措与风险筹划为依托，以维持和提升公司核心竞争优势和盈利水平为目的的战略议题。通过分析万科2000年至2009年这十年的财务年报，我们发现万科长期以来秉承以现金流操控为核心的财务战略，具有合理规划经营现金、资本投资、风险张弛有度、融资安排领先于投资需要、固定股利分配的战略特色，彰显了万科十年以来财务战略的发展轨迹，并给所有中国企业财务规划以诸多方面的有益启迪。结合万科的经营特点把财务战略聚焦于以现金配置为主体的投资战略、以运营分析为主体的营运资本战略、以外部融资为主体的筹资战略和以现金分红为主线的股利政策等四个方面。由此我们发现了万科的财务战略要领包括：

1. 万科长期奉行量入为出的投资规划

我们先明确企业经营活动现金净流量能够衡量企业核心经营业务产生现金的能力，值得注意的是房地产企业用于买地和建房的巨额开支列在经营性活动中，划入经营开支；而且因房地产行业的预售制度，地产企业的收现在先，房屋完工后业主入住才能确认会计收入并结算利润，所以对于成长性的企业每年的营业现金收入均会大于会计报表营业收入。自由现金流是经营活动现金净流量中扣除投资活动现金流出之后的现金余额，说明了企业满足投资需要后剩余的可支配现金。本文强调量入为出，其中"入"是指营业收入和经营现金流入，"出"是指经营性现金开支及资本开支。

从财报数据概览了万科十年间营业收入、营业利润、净利润、经营活动现金流入、经营活动现金净流量和自由现金流的基本态势。从中可以发现在2000—2005年间万科的营业收入与经营活动现金流入，经营现金净流量与自由现金流等指标长期显示了很高的吻合度，表明万科营业收入的变现能力较高，盈利能力稳定增长、收入的现金流比重较高，投资资本支出不少源于经营性现金，这些都是稳健经营的标准。

值得注意的是，万科经营现金净流量从2000—2004年五年间有个在小幅度内正负交替的有趣现象：2002年营业收入的增长速度低于2001年的增长速度，其经营现金净流量从2001年的负值变成正值，2003年营业收入大幅度增长，与此同时其经营现金净流量大大缩水成为负值，2004年营业收入增速有所减缓，其经营现金流又恢复正值，也就是说万科在营业收入增长较快的年份也会同时增加现金支出，经营现金流量呈现负值，但在营业收入增速较缓的年份会相对缩减土地购置与土地储备，使得其经营现金净流量恢复正值，即万科会根据收入的多少来安排相应的土地购置规模与节奏，大体上一直奉行量入为出的投资配置策略和现金净额正负交替、风险张弛有度的动态财务规划。

当然这种正负交替态势有段时间也被"冒进冲动战略"破坏。比如，从2006年开始，在营业收入和经营活动现金流入大幅度增长的同时，经营净现金和自由现金流大幅度缩水，2007年现金流达到低谷，经营现金流和自由现金流之间的差异即投资支出也达到最大，"收入、利润指标"与"净现金指标"呈现巨大的"喇叭口"，超速扩张的战略一改以往的稳健经营：一方面在主营的房地产经营上增大项目开发和购买土地，导致经营现金流大幅度缩水，同时又在资本投资领域大举扩张，导致自由现金流越发窘困。需要说明的是，2007年各家房地产公司无疑都是战略上的"激进分子"，相对而言，万科的"喇叭口"2007年在业内不算是最大的。

万科毕竟是房地产的龙头企业，现金运营上尤其如此，2008年年初提出了具有杀伤力的"拐点论"，以房屋降价、出售土地、收缩战线、缩减开支，促进销售、囤积现金，现金流状况立即得到改善。即使在房地产行业"地王"频出的2009年，万科的经营和自由现金流都达到正值，并且投资支出减少，经营和自由现金流回到吻合状态，资本支出仍然维持在低水平，"喇叭口"收窄，收入、净利润与各类现金流重新回归一致，财务战略恢复到稳健经营状况。

2. 不断扩大的存货现金需求和日益缓慢的运营速度成为万科资金营运战略的"短板"

这个问题聚焦于以存货管理为核心的运营资本战略。从概念上讲，营运资本即流动资产减流动负债的余额，现金净需求是运营管理中企业的流动资金"被客户占用"减去企业占用供应商的流动资金的余额，换言之，它可以衡量企业必须筹措多少外部现金融资才能满足运营中的流动资金需求。财报列示了十年来万科的净现金需求及其各个组成部分。其净现金需求逐年增长，尤其是2006年和2007年增长率均超过一倍，2008年后增长速度逐渐减慢。从其各组成部分来看，净现金需求的增长大都归因于存货数量的迅速增加，存货与净现金需求在十年间的变化趋势基本一致，并且存货占净现金需求的比重很大，尤其是2000—2004年，净现金需求水平很大程度上由存货水平决定。以2009年为例，523亿元的现金净需求意味着万科必须筹备523亿元外部现金才能满足巨额的以存货为主的流动资金需要，这一金额几乎与2009年的经营活动现金流入总额相等，尽管这两个数据一个是"时点数"，一个是"时期数"，不完全具有可比性，但是运营管理的问题或者盈利模式的微调，导致现金性流动资金需求量快速增加，由此潜在的现金短缺风险是不可忽视的。

以上是从现金需求绝对值的角度分析流动资金占用的。我们还可以从周转效率角度考察万科流动资金的利用策略。无疑现金周转天数刻画了流动资金上现金周转效率的高低。我们从万科现金周转天数及其各主要组成部分十年来的变化趋势，可以看出万科的现金周转天数在2000—2007年间一直呈现波动上升的趋势，在2008年达到顶峰，2009年又有所回落。从其各组成部分来看，应收及预付账款的周转效率一直很稳定，存货的周转天数在十年间增长最大，这是决定现金周转天数的主要因素，尤其是2008年现金周转天数达到历史最高点就是由存货造成的，这表明万科土地储备过量、开发周期延长等。

房地产行业的特点决定了存货即商品房的开发周期较长，不可避免地需要占用大量的流动资金，何况与过去十年间房地产行业的平均存货周转效率相比，万科的效率处于行业中上游水平，已经实属不易。但是作为一个专注于住宅开发并以行业标杆据称的万科，仍然要加强对项目开发的管理，减少存货过度占用现金流，改变不得恶化的周转速度，让流动资金真正地"滚动"起来，应该成为万科运营战略的着眼点。

3. 以满足投资需求为目的，提前启动外部融资，并维持财务杠杆的相对稳定成为万科融资战略的显著特征

及时、足额、低成本、低风险地获取融资，满足经营和投资的资金需求，为企业战略提供必要的财务支持，是财务融资战略的基本方针。企业融资有内源和外源之分，本文只讨论万科寻求外部融资的种种策略。而且本文把万科的融资总额与方式、经营及自由现金流和负债杠杆率结合起来分析，探究其融资战略。本文所说的杠杆率即资产负债率。分析十年间的变化，从中我们可以得到一个有趣的发现，即万科的融资总额基本上是由经营现金流决定。财报显示万科在 2000—2005 年间，在经营现金流较低的年份融资额较大，在经营现金流较高的年份融资额较少，融资额与经营现金流相差不大，体现了前文所述的融资首先应满足经营活动的现金需求，与经营需求相配比。但 2006 年的融资却超过了经营现金流的缺口，这种超额融资体现了良好的战略规划意识，因为 2007 年的投资扩张导致巨额现金需求——2007 年的经营和自由现金流均达到最低水平。因此，2006 年的巨额融资服务于 2007 年的投资需求，保证 2007 年有钱可用，提前启动融资业务。这体现了万科的融资战略基本上是有计划的，前置于投资需要的战略轨迹。

在融资方式的选择上，万科财务战略的特点是"经营现金需求由债权融资满足，投资现金需求主要由股权融资满足"。十年间万科在 2006 年和 2007 年采用了股权和债权两种融资方式，其余年份仅有债权融资。我们发现在其经营现金流与自由现金流基本一致时，即投资支出很少的年份，万科采用债权融资去满足经营活动资金需求；而 2007 年自由现金流"负"到最低水平，与经营现金流的差距也最大，万科安排了 2006 年和 2007 年两年股权和债权融资结合的方式满足了 2007 年较大的投资支出，同时也满足了之后两年后续的、相对稳定的投资支出。这种融资方式的灵活选择不仅充分体现了融资与投资需求的匹配原则，也着眼于长远，综合考虑了企业未来两三年内的经营和投资资金需求，做到了提前筹划。

财报显示万科的杠杆率在十年间一直比较稳定，保持在70%以下。这在中国房地产这个以高杠杆率为特征的行业中属于较低水平。在融资额较大时保持稳定的杠杆率并不容易，万科巧妙地在融资需求最大的两年采用股权融资，为防止资产负债率的攀升分别增发股票42亿元和100亿元，在满足巨额资金需求的同时将负债风险维持在可控水平。

4. 相对固定的现金股利分配是万科一直坚持的股利政策

理论上，公司股利分配可以采用固定的股利政策、固定增长率的股利政策和优先满足投资需求的剩余股利政策等。万科十年来每年的每股现金股利最大值为0.2元，最小值为0.05元，波动幅度不大，基本保持稳定，为股东提供稳定的分红预期，传递积极的信号。其一直以来都坚持每年向股东现金分红，将企业的成长和盈利回馈给股东，采用的是固定的股利政策。

现金股利源于企业的盈利，分析万科每年现金股利与净利润的关系，可以看出，在2000—2006年现金股利与净利润的关系基本比较稳定，维持在30%—40%，在2006年之后现金股利和净利润的关系依然稳定，但是比例下降至10%左右。万科这样安排分配政策应该是源于现金流的考虑。

资料清晰地显示了万科稳定的现金股利，也给出了2006年之后股利占净利润的稳定比例降至另一水平的答案：现金流量不足。2007年经营现金流的严重缩减使其现金捉襟见肘，可以说是有利润而无现金，因此其将分派现金股利的水平调低，以为企业保留更多的现金以满足投资需求，前文中已经提到过2007年市场行情较好，万科加速扩张，经营和投资领域对现金的需求都较多，现金首先满足企业发展的需要。另外，2007年开始的每股现金股利降低的同时，现金股利的总额却有所增加是源于其2006年和2007

年两年的新股增发，导致流通股数的上升。总的来说，万科坚持以现金分红回报股东，并采用比较固定的股利分配政策。

过去十年万科经历了稳健增长和迅速扩张两个阶段，同时也践行了万科独特的财务战略轨迹，上述四个要点就是这一轨迹的"万科"式特征。这些特征给其他企业多维启示，而且这些启示的可复制性应该与企业是否从事房地产无关：

（1）以现金流为核心，全面规划企业财务上的各类战略，进而设计公司总体战略。战略决策本质上是对公司"愿景目标"与"资源能力"的平衡分析与把握。说到资源能力，当然它具有广泛的外延，比如"原材料供应能力"、"人力资源"、"技术与创新能力"等，然而以现金为主体的财务资源无疑是最重要的战略资源。有句话"仅仅有钱是不够的，没有钱是万万不能的"，这可能是对战略与财务资源关系简洁明了的表达。不过最好将此句话改为"战略上仅仅有现金是不够的，没有足够的自由现金是万万不能的"。像万科一样，投资、融资和分配决策都紧紧围绕现金流这一核心指标，以企业合理的经营现金流和自由现金流水平，设计各类战略，以现金流安全、量入为出为战略决策依据和预警线，确保企业整体的稳健和健康。

（2）整合投资规划和融资安排，前置融资策略。要根据产业经营和投资规划、经营现金流入与经营及投资所需开支的差距，适时地相对提前安排融资，以保证未来开支的需要。另外，要学习万科分类匹配投资与融资的方式：经营现金缺口由债权融资满足，长期投资支出主要安排股权融资；在融资方式的交替使用中始终紧盯杠杆率的升降，保持财务风险的可控。

（3）坚持量入为出，张弛有度。可以模仿万科以营业收入作为经营及资本开支的基准线，在营业收入快速增长的年份适度增加开支，在营业收入增长放缓时随之缩减开支。万科十年的财务战略就是富有节奏的有进有退,在不过度冒险的前提下保持稳定的增长。成功的财务战略必然是有快有慢、张弛有度的,一味强调加速的企业大多会因失控而失败。

(4)财务战略必须关注运营速度和流动资金效率。企业应以"现金净需求"和"现金周转期"分析为突破口,结合行业特点,缩短生产周期或项目开发期,提高存货周转速度,挖掘财务潜力、控制财务风险、提高盈利水平和再投资能力,实现快速、稳定的现金循环。

融合财务战略与全面风险管理

畅谈财务战略不能不说财务风险，在我关于"汤三角"的文章中提出了从战略的角度出发，财务风险应包括制度风险、信息风险、业绩风险、流动性风险等内容。当然那是对财务风险内涵与外延的刻画。本文主要探讨财务战略风险管理。说到风险管理，就不得不提 COSO 提出的立体化、图文并茂的全面风险管理框架（Enterprise Risk Management，简称 ERM）。它明示"全面风险管理是一个过程。这个过程受董事会、管理层和其他人员的影响。这个过程从企业战略制定一直贯穿企业的各项活动中，用于识别那些可能影响企业的潜在事件并管理风险，使之在企业的风险偏好之内，从而合理确保企业取得既定的目标"。ERM 框架有三个维度，第一维是企业的目标；第二维是全面风险管理要素；第三维是企业的各个层级。企业的目标有四个，即战略目标（与整体目标一致）、经营目标（资源的使用效率）、报告目标（报告的可靠性）和合规目标（满足法律法规的要求）。全面风险管理要素有八个，即内部环境、目标设定、事件识别、风险评估、风险对策、控制活动、信息和交流、监控。企业的层级，包括整个企业、各职能部门、各条业务线及下属各子公司。ERM 三个维度的关系是，全面风险管理的八个要素都是为企业的四个目标服务的；企业各个层级都要坚持同样的四个目标；每个层级都必须从以上八个方面进行风险管理。

我在第一次读到这个风险管理 ERM 框架时就感慨，相比之下我们在财务管理上的风险与风险管理理念、内容和技术都存在太大的局限性，因为目前财务上关于风险的描述几乎只有数据，缺乏从战略的高度总揽全局，而且大都讨论的是具体的流动性风险和具体的风险"减低"技术等，所以财务上风险的把握，需要嫁接 ERM 框架，提升财务风险管理的治理性、战略性、全面性、系统性、差异性和流程性。

首先，ERM 框架使董事会在企业风险管理方面扮演更加重要的角色，最高决策层是风险管理的主角。企业风险管理的成功与否在很大程度上依赖于董事会，董事会需要慎重决策公司应有的"风险偏好"。在此基础上公司所属的每一个业务单元、分部、子公司的管理者都需要在风险识别、风险控制的基础上良好地表现各自的目标，并与企业的总体目标相联系。也就是说，风险管理既是一个公司治理问题，也是一个管理问题。

其次，ERM 把风险明确定义为"对企业的目标产生负面影响的事件发生的可能性"（将产生正面影响的事件视为机会）。该框架可以涵盖信用风险、市场风险、操作风险、战略风险、声誉风险及业务风险等各种风险，并且将其目标概括为战略目标、经营目标、报告目标和合规性目标四类。所以这种风险是一种从战略着眼，以目标主导的风险观。这是现行财务学对风险分析最大的"短板"，单纯的流动性风险分析极大地限制了财务分析的战略成分。

最后，由于 ERM 框架引入了风险偏好、风险容忍度、风险对策、压力测试、情景分析等概念和方法，因此该框架在风险度量的基础上，有利于使企业的发展战略与风险偏好相一致，实现了增长、风险与回报的协同关联。

总之，我们应该欣赏 ERM 对风险的治理、财务、运营的多维视角分析，融战略于风险控制之中，充分体现了"全面"的含义。

但是这个ERM框架毕竟还只是框架，并不是完美无缺的，而且离可操作的企业风险控制制度还有相当距离。为此必须实现财务理念、战略管理、风险控制的有序对接，具体要求如下：

第一，以SMART原则构建企业适宜的风险控制制度体系。风险控制制度先行，制度的建设除了要依循ERM框架结构外，还要符合SMART原则的要求，以确保内控制度条款上内容的针对性和可操作性。与此同时，需要导入"重要性原则"等理念，过于全面、事无巨细的工作思路本身就意味着很大的执行风险。

第二，将公司战略转化为公司全方位、立体化的目标体系。既然风险的要义是企业战略目标、经营目标、报告目标和合规性目标的实现程度，这就有赖于财务上通过计划规划系统、全面预算管理系统、业绩评价系统、授权制度等明确提出切实可行的目标，否则风险管理就没有导向，缺少标杆。

第三，构造灵敏的风险预警系统。在目标确立后的实施过程中，还需要配备完善、灵敏的反映战略目标实现程度的财务管理信息系统，以及时反映风险状况的预警系统。

第四，固化风险处理流程和预案。风险的种类、性质各有不同，公司根据风险的不同情况，制定不同的风险管理策略、流程、预案，如风险的全部承担策略、部分和全部转移策略、退出消除策略。

总之，财务战略风险管理的核心可以简要概括为"目标"与"制度"，比如有的企业就建立了类似的财务风险制度体系：

第一，构建完整的监控指标体系。财务风险控制指标体系应以企业的实际情况综合设定，一般情况下以偿债能力指标为基础，分为主要指标和辅助指标。其中，主要指标可以包括：现金流动负债比率、资产负债率、已获利息倍数、经营活动现金流入比重、流动比率、速动比率等。辅助指标可以包括：净资产收益率、应收账款周转率、主营业务收入增长率、对外担保占净资产的比重等。如果是集团企业，所属的内部各单位和分支机构可以结合实际情况，根据需要增加财务风险控制指标，建立健全本单位的财务风险控制指标体系，但指标体系应包括集团公司设定的基础指标。

第二，设定红、黄、绿三级预警。一般情况下企业的财务风险预警分为三个级别，这三个财务风险预警区间分别为安全区（绿灯区）、预警区（黄灯区）和危机区（红灯区）。指标在安全区，表示发生财务危机的可能性较小；指标在预警区，表示存在发生财务危机的可能性；指标在危机区，表示发生财务危机的可能性较大。财务风险预警重在可操作性、实用性，企业应根据实际情况选用合适的预警方法，定期计算本企业各项财务风险控制指标，并分析本期与上期的变动差异。对变动异常（通常设定为变动幅度超过10%）的指标要进行专项分析，并对风险进行识别，对于增加的财务风险要查明原因并做出说明。

指标体系中如果同时有三项及三项以上主要指标处于"黄灯区"，视为存在发生财务危机的可能性，应进行财务诊断，做出专题分析，限期消除风险因素。对于同时有三项及三项以上主要指标处于"红灯区"，视为发生财务危机的可能性较大，公司应进行专题调研，提出解决问题的措施和办法。

第三，编制财务风险报告。企业应定期编制风险评分表，编写风险分析报告。如果是集团公司，应要求所属部门和分支机构定期提交相应的评分表和报告，作为业绩评价和激励奖惩的依据之一。如果监控体系中的指标存在变动异常（如幅度超过10%），或同时有三项以上主要指标处于"黄灯区"或"红灯区"的，以及财务风险评分结果在标准值以上的（如40分），所属单位应向集团公司上报由财务负责人和企业主要负责人签字的财务风险分析报告。该报告主要包括以下内容：一是本单位财务风险所处的级次；二是指标当期值与上期变动情况，以及发生异常变动的原因；三是指标处于"黄灯区"或"红灯区"的原因分析；四是降低财务风险和改善财务状况拟采取的措施和建议。

第四，应用财务风险监控结果。企业财务风险的监控和管理情况应与企业经营者考核激励挂钩，作为兑现奖惩的重要依据，这样才能真正发挥财务风险监控的作用。比如，对于同时有五项指标处于"红灯区"或财务预警评分结果在设定值以上的单位，应限期整改，改善财务结构，降低借贷规模和负债比例。如在规定时间内不能达到整改要求的，总公司将采取限制其银行借款、不予审批投资项目、不予提供借款担保、核减当年工资总额等措施。

（根据原载于2007年《新理财》第8期"从战略高度全面管理风险"文章改写）

中国民企的负债率：再低也不过分！

我自己经常以"最关注中国民营企业"的财务教授自吹，理由是中国的民营企业和我这个工作在北京但来自农村的"农民工"一样同属"弱势群体"！虽然这话大有调侃的色彩，但是从心理上我真的特别期盼中国社会尤其各级政府、媒体要给民企更多的关爱和包容，至少说尽快营造民企与国企尤其是央企公平、公正的政策环境和经营条件，因为众所周知"三公原则"是判别市场经济与否的基本逻辑。经历这次全球性的金融危机，我已经发现我自己的这种期盼好像越来越天真。

回到我对民营企业理财的关注，2008年我在《财务与会计》上分六个话题探讨中国民企理财的主要问题，本书中的一些话题就是源自这个系列论文。在此前，在《财务与会计》2004年第11期上发表了"德隆事件印证财务规则"，2007年第8期又发表了"从严介和宣布不再向银行借1分钱，审视民营企业理财"。

提及江苏太平洋建设集团严介和贷款风波，故事的情节大致是这样的：2005年12月20日，中国银行江苏分行对太平洋建设集团的7 000万元贷款本息申请诉前保全，彻底引爆了各贷款银行对太平洋集团的追债风波。紧接着中行南通分行就江海建设的2 500万元（由太平洋集团担保）也进行了诉前保全。2006年1月，浦发银行苏州支行正式对太平洋集团提起诉讼。此后，各地商业银行对太平洋集团的诉讼书纷至沓来。流动性太差是这场追债风波的主要起因。"太平洋建设集团只能从银行那里获得短期借款，但项目的回收周期却相当长。中间任何一个环节出现问题，对银行都意味着非常高的风险。"严介和表示，经过摸底太平洋建设集团全部银行借款不过 3.82 亿元，其中的 1.3 亿元为不良借款，全部集中在南京当地，包括中行江苏省分行 7 000 万元、南通中行 2 500 万元以及华夏银行 3 900 万元。上述不良贷款已全部以资产或现金方式偿还完毕，其中，以连云港江苏红公司和太平洋酒业 400 亩土地对中行江苏省分行的 7 000 万元借款进行了保底抵押。严介和告诉记者，太平洋建设集团一定能尽快还清所有银行债务。集团 1.3 亿元不良贷款已清理完毕，3.82 亿元所有银行贷款将在上半年尽快还完。在多家银行相继对太平洋建设集团追债时，严介和一度被当地法院执行威慑机制，不能坐高档豪华轿车、不能出入高消费场所、不能出境。还好，这次风波对于严介和及其太平洋建设集团可谓有惊无险。

  这些悲剧性案例绝对不是应该关注对象的全部，而且这类案例还大有不断推陈出新的趋势。就在我整理这册书稿的 2011 年年初，天宝系的案例又从网络上跃入我的视线，引起我的再度思考，而且我更担心中国社会对待这类案例就像我们对待频发的矿难一样，已经司空见惯、反应麻木。

  2011 年 2 月 18 日《投资理财报》报道：1985 年 10 月，周天宝和太太吴丽萍在安徽成立安徽工贸公司，从事建筑材料和机电产品的生产贸易。之后的 25 年，他主要通过与地方政府合作，在香港、北京、上海、安徽、沈阳、长春等地打造了 5 个企业群，涵盖了 36 家公司，打造了涉及汽车全产业链的"天宝王国"。2003 年 10 月，"天宝系"旗下的北泰创业在香港联交所主板上市，周天宝打造国内汽车全产业链的美梦得以实现。"天宝系"开始走向辉煌，也埋下了幻灭的种子。2009 年 1 月，由于 2 400 万美元的外汇投资亏损和合作伙伴 3.3 亿元的债务追偿，北泰创业的股票被暂停买卖，并进入临时清盘程序。2010年夏天，审计署发现"天宝系"关联的数家企业存在贷款风险。之后，建行的贷款经办人和"天宝系"的相关人员被公安机关带走。11月中旬，银监会将"天宝系"贷款调查报告上报给了国务院。2010年12月2日，银监会一纸带"密"字贷款警示文件曝光，47家银行机构展开了资产保全大战，集体讨债32.86亿元。随后，天宝集团内部人士呼吁"政府机构和金融机构多给天宝集团点时间"，并回应高管外逃是"绝对没有"的事情。

我还不熟悉"天宝系"的最新进展，但这并不太重要，我坚信这类悲壮的故事今后肯定会有新的"主人公"再度上演！回顾这一次次重复的故事，我认为这些案例有很多值得总结、提炼的东西：

1. 公司盈利模式决定资金链安全程度

比如，严介和掌控的太平洋建设集团利用BT模式，这是企业投资建设、政府一次回购、资金分期支付的经营模式。通过BT模式投资的着眼点，是以少量的投资获得大量工程承包机会并因此获利。BT成就了太平洋集团的迅速扩张，但企业的迅速扩张和膨胀的背后隐藏着巨大的风险和不确定性。严介和采用的"BT模式+零资产收购国资"，即不断与地方政府合作，借钱借势，允诺垫资给政府做市政项目，但同时要求政府担保及太平洋融资，或是太平洋担保以政府融资的方式取得工程项目。拿到工程之后，先以自有资金启动项目，随后即向银行举债，将工程分包给各工程队自行垫资建设，工程材料款项也是先行赊购。所以这种模式是利用政府信用和银行以及下游企业的资金来维持企业的生存和发展的。对于太平洋集团来说，这种模式虽简单又高明，却是"用七个盖子盖八个碗"，资金链总是被绷得十分紧张，一环扣一环，只要其中一环出了问题,都会酿成不可挽救的悲剧。同时,项目工期长、流动性差的特点,使得资金链问题十分敏感,账面上虽有大量的应收账款,但在工程完工之前却不能给太平洋集团带来任何现金。正是太平洋集团采取的这种盈利模式大大抬高了企业资金链的危险系数,酿成财务风波。

2. 负债率对"财务风险"信号的失灵,唯有现金流或现金支付能力才是关键信号

从财务原理分析,一个企业的负债率是财务风险的风向标,并且把资产负债率30%以下的公司列作财务保守的公司。但是从天宝系的案例分析,这一结论必须改写。根据上述报道提供的资料,天宝系的资产负债简表,资产总额1 326.19亿元,负债总额639.37亿元,资产负债率48.21%;主要企业成员授信额度160.66亿元,贷款余额56.76亿元,形成不良贷款和逾期贷款32.86亿元;关联企业群群内总担保25.64亿元,群内两企业之间互相担保金额8.76亿元(占总担保额的34.18%),群内逾期贷款提供担保11.66亿元(占总担保额的45.46%),群内不良贷款提供担保21.39亿元。

可以看出低负债率与资金链安全并无负相关关系。天宝系的负债率在众多企业中应该说并不很高,然而这并没有成为企业债务风波的防火墙。在银行贷款杠杆的使用上,"天宝系"的授信额度是160.66亿元,而实际贷款余额是56.76亿元。1 300多亿元的资产被起初的5亿元和现在的30多亿元搅乱了。

看来资产负债率只是一个账面数字,企业在日常运营中,更重要的是现金周转和偿付能力,所以传统的评价企业融资和偿债能力时过度关注的资产负债率实际上有很大的误导性。无论是公司战略上还是日常营运中,我们应该牢记"现金流至尊"(cash flow is king），保持适当的财务储备，这是财务原理的金科玉律。

3. 天宝系事件再次突显银行逼债的"羊群效应"

"羊群效应"是一个行为财务学现象，意指一个羊群（集体）是一个很散乱的组织，平时大家在一起盲目地左冲右撞。如果一头羊发现了一片肥沃的绿草地，并在那里吃到了新鲜的青草，后来的羊群就会一哄而上，争抢那里的青草，全然不顾旁边虎视眈眈的狼，或者看不到其他更好的青草。值得深思的是，知情人士称，时至今日，"天宝系"只热心于扩张，并没有真正赚钱。

对于一些大型企业尤其是民营企业来讲，利用银行贷款的杠杆效应做大资产，这是再熟悉不过的事。不少银行在大企业贷款中信奉"大而不死"，"天宝系"就是利用了银行的这个弱点，利用和地方政府的合作获得银行贷款，将自身的资产越滚越大。然而，一旦某个环节出现漏洞，就很容易导致"满盘皆输"的多米诺骨牌效应。

尽管周小川和刘明康多次在公开场合一再强调要杜绝我国商业银行的"羊群效应"现象，然而一旦碰到优质客户，各家银行还是趋之若鹜，将贷款向优质客户"扎堆"，甚至不惜挖走他行的大客户；当碰到某个公司未及时还款时，又迫不及待地想从中抽身，不断向公司逼债，却不知这些"银行"们上演的"闹剧"可以将任何一家公司都推入死胡同，而且也达不到"资产保全"、"控制风险"的目的。无论太平洋建设集团，还是这次"天宝系"风波在很大程度上正是我国商业银行"羊群效应"的直接展现。如上所说，银监会一纸带"密"字贷款警示，47家银行机构展开了资产保全大战，集体讨债，天宝集团祈求政府机构和金融机构多给天宝集团点时间。

4. 民营企业要少造"系"公司，并严控关联担保

对于民营企业，我们可以发现所谓"系"的公司主要包括以下三方面优点：（1）用较小的资本控制着较大的资源，并保持对附属子公司等的控制权。（2）收益高。由于资本的"权威性"，控股公司通过资本投入控制资产资源，并同时保持着对子公司及孙公司的处置权，从而通过"买进—经营—卖出"而获利。事实上，大多数控股公司的收益还是来自于下属子（孙）公司所分得的利润，而且由于剩余控制权掌握在母公司（即控股公司）手中，其股利分配决策大多也由控股公司来定夺，从而在收益的时间序列上会对母公司收益产生重大影响。（3）风险独立。在控股型企业集团中，控股母公司与下属被控股公司间以及各子公司间等都是独立的法人，因此其中某一经营实体（它为子公司或孙公司之一）的重大经营损失并不会影响其他独立的子公司，不会导致"一方有难"而"八方共担"，从而有利于控股公司及其他子公司的人格独立、稳定经营。当然，"造系"风险也非常巨大，尤其是企业集团的下属子公司或孙公司的大额负债由母公司或其他兄弟子公司作担保，虽然这种联保属性大大地增强了企业集团的对外融资能力，但是一旦负债方出现财务危机并直接影响到其自身的生存，则这种联保关系继而会转换成连带责任关系，从而使整个企业集团都面临极大的财务风险。比如，"天宝系"显然难以扭转资金链断裂的困局。从事发的源头看，北泰创业的外汇投资亏损和与合作方的债务追偿、审计署和银监会彻查关联银贷、银行集体讨债等一系列问题，尽管都是在金融危机背景下展开的，但是毕竟是外因，内因是现金流问题。"系"公司的这类"杠杠"结构都加倍扩大了"天宝系"的资金漏洞风险和多米诺骨牌局面。所以我正告各位民营企业家："系公司"造不得！关联担保经常是掩耳盗铃。

5. 民营企业的融资环境和社会环境亟待改善

由于民营企业自身的财务、外部经营环境等问题,再加上我国商业银行基于理性和非理性"羊群效应"后的抉择,民营企业的融资环境长期不理想,至少还没有享受到与外资企业或国有企业平等的待遇。面向证券市场的直接融资只属于少数"幸运"的民营企业。再说间接融资,一旦遭遇"紧缩银根",民营企业是首当其冲的"受害对象"。同时,民营企业从商业银行获得贷款,也很难得到中长期贷款,基本上是期限短的流动资金贷款,"太平洋建设集团只能从银行那里获得短期借款,但项目的回收周期却相当长。中间任何一个环节出现问题都意味着非常高的风险"。我们的融资环境和银行贷款方式使民营企业必然处于"短贷长投"、"拆东墙补西墙"等有悖稳健经营的"提心吊胆"财务境地。我们期待民营企业的融资环境实质性地得以改善。

用财务战略储备屏蔽战略风险

正如"战略"一词是源于军事领域一样,"战略储备"(strategic reserve)也源于军事领域,而且它的外延包括了各类战略资源,如武器、兵力。目前"战略储备"已经广泛适用于各国支配的粮食、紧缺矿产、核心技术、特殊工业品等。确保和提升战略储备的水平业已成为每个国家直接实施宏观调控的基本手段和政策要求。我们已经深感治理一个国家和管理一个企业在基本理念上有太多的一致性。但是在"战略储备"的理念上,企业微观层面与国家宏观层面的关注程度实在有天壤之别。当然,本文聚焦企业财务上的战略储备,不涉及企业的人力资源、关键技术、关键原材料等战略储备问题。

何为"财务战略储备"?前两年我读过一篇分析李嘉诚的长江集团及其各子公司的稳健财务状况的文章:(1)平时持有的现金量达两百亿港元,远远大于负债。这样公司绝不会出现任何财务上的压力。长江集团账面上越来越多的现金积累,不仅使李嘉诚在东南亚金融危机中安然无恙,而且一旦遇到令人振奋而有吸引力的投资机遇,就能即刻采取行动。(2)"长江实业"的负债比率自1997年一直下降,近年来维持在较平稳的水平,介于0.2与0.3之间;"和黄集团"负债比率也一直维持在稳定的状态,介于0.4至0.6之间;"长江基建"的负债比率1996年至2001年则介于

0.2至0.5左右，财务状况十分稳健、平稳。①

通过该案例的理论分析，我们可以推断作为财务战略储备的项目应该包括现金、未动用的股权融资能力、"多余"且变现能力强的资产和低杠杆资本结构等。

下面分述如下：

1. 多余的现金即自由现金流量FCF。公司的现金有多种表现，如货币资金余额和经营性现金流量（OCF）等。这两者与战略的联系不太紧密，这里主要讨论自由现金流量FCF。我认为财务上似乎只有在"估值"时才使用到FCF，或者仅仅把它列作"公司对债权人实施还本付息和向股东分配现金股利的财务基础"来考虑，往往忽视了它的战略价值。其实能够作为财务战略储备来考虑的只有FCF。FCF是"OCF扣减预计资本性支出后的余额"，是充分考虑到公司的持续经营或必要的投资增长对现金需求后的余额。其中，OCF属于经营问题，而预计资本性支出应该列作战略问题，所以FCF是由经营和战略共同决定的。难怪，不少学者把FCF译成"超额现金流量"（surplus cash flow）、"多余现金流量"（excess cash flow）、"可分配现金流量"（distributable cash flow）、"可自由使用的现金流量"（disposable cash flow）。"正"或"负"的FCF是战略稳健与激进的重要标志。负的FCF肯定是过度投资造成对融资"供血"的依赖。正的FCF才是超过有效投资需求后的现金结余，并使FCF成为"最高质量"的战略储备品。

不过，必须指出的是，FCF与财务战略储备不能完全等同起来。因为FCF没有包括债务等问题，如果FCF全部用于还本付息的话，就没有储备可言。只有像李嘉诚"平时持有的现金量达两百亿港元，远远大于负债"，FCF才能与财务战略储备相提并论。

---

① "风险管理策略"，《新财富》，2003年第5期。

2. 未动用的股权融资能力。

3. "多余"且极易变现的资产或股权,如储备的土地、流动性强但是无须战略增持的子公司股权或股票。

4. 保守的财务杠杆。财务杠杆是资本结构的显示器。像李嘉诚的"极低的负债率"安排,既是经典的"风险管理策略",也是始终保持再融资能力的一种"战略储备"。正如有学者一针见血地指出:"不要愚蠢地认为你的企业或所在的行业存在某种最佳资本结构。最佳资本结构只存在你的公司的预储备(preserve commitment)和后储备(post-reserve commitment)工作阶段。公司现实的资本结构要么处于相对保守稳健,要么处于相对激进。"

5. 能够迅速转为现金的表外融资能力。从这些定义可以看出,财务战略储备应该具备的特点是:

(1) 剩余现金和迅速获取现金的能力。

(2) 长期处于预留状态,具有非特定目的。比如,现在的银行存款绝大部分是为了偿还某笔特定的银行贷款或者某项明确的投资需求而储备的,这类具有明确特定用途的现金储备不能列作"战略存储"。

(3) 因其战略特征,这部分储备必须由公司决策层和高管直接掌控。的确,这笔战略储备是属于流动资金或者准流动资金,但是其支配权一定要"上收",不能授权给执行层面的经营单位。

(4) 具有很高的流动性和机会成本。正因其极强的流动性,安排财务战略储备是以较高的机会成本为代价,甚至要放弃一些眼前的现实收益。可以肯定,安排和固化一笔财务战略储备肯定会招致那些实行激进战略的CEO的"恼怒"。

与财务战略储备特别相近的另一个财务战略性命题是"财务弹性",亦称财务灵活性(financial mobility),这是指财务上资产和资本的可调整余地、资本结构的灵活性。比如,长期债务在时间上可以展期或提前偿还,反映在债务的时间安排上的灵活性;可转换债券可以由债券转为股票,这是融资方式上的弹性。可以看出确保财务弹性也是稳健经营理念的体现,这一点与财务战略储备的理念是相通的、一致的。但是两者并不是同一概念,实现"稳健财务"的具体方式区别明显。像李嘉诚奉行"低财务杠杆率"政策,既说明了资本结构的灵活性强,也展现了在公司财务战略上有一定的融资"储备",但是两者是从两个角度分析不同侧面的问题。

弄清了财务战略储备的概念与特征,文章最后探讨一下建立与固化财务战略储备的现实意义。财务战略必须稳健,但是很遗憾,包括稳健的流动比率、与现金关联不强的低财务杠杆等都不是实实在在的"稳健"工具。唯有足够的现金储备,公司才能面对复杂多变的市场环境和内部不可控因素,才能及时应对各类风险与危机。我要说,从投资战略和经营战略分析,财务战略储备是必备的"刹车装置",战略越激进这个装置的"质量"必须越高。

总之,建立财务战略储备理念与制度是战略危机管理观和忧患意识的最好体现,足额的财务储备是屏蔽战略风险的最"给力"安排。

(根据原载于 2007 年《新理财》第 7 期"战略储备屏蔽战略风险"文章改写)

将企业内部组织都打造成追随战略的 SBU

本文主要探讨战略与财务组织的配套、协同问题。提及战略与组织,我们不禁想起钱德勒的"组织追随战略"的著名论断。当然这是理论层面的主张。我们十分高兴地看到我国企业在战略变革、实施过程中,同时对组织变革模式也给予了应有的关注。如据报道,四川长虹股份公司按照以产品线为主线,支撑多产品、跨地域的产业发展战略,把长虹的产业和旗下的各子公司分成九大战略经营单元(SBU),包括多媒体产业、白电、海外事业、零部件产业、IT产业、服务业、房地产业、新能源产业、新业务等。在长虹SBU层面上,把原先的"条条"管理改为"块块"管理,完善授权制度,由经营型管控向战略型管控转变,使各SBU责、权、利一体化;而在SBU内部则推行"纵向一体化"。九个SBU划分以后,母公司总部变成投资控股公司,董事会承担战略主控官和投资中心的角色,受托管理长虹股份和长虹集团,负责母公司总体方向和战略,包括对各个管理层的监控和经营控制,优化业务组合,各职能部门为董事会及监事会提供专业支撑,当参谋,做服务,鼓励并支持各单元实现协同效应,但不直接管理子公司。实施授权经营后,集团公司实现基本管理制度统一、核心价值观统一、品牌管理统一、资源整合与业务协同,建立支撑长虹3C战略的母子公司管控体系。[①]

[①] 2006年12月1日,《21世纪经济报道》。

从理论概念上把握，SBU 是一组具有相同或类似战略成分的经营单位组成的总体。这个相同或类似的战略成分包括重叠的竞争对手、紧密相关的价值链活动、全球化竞争的需要、相同的竞争优势、相同的关键成功因素（KSF）等。每个 SBU 都拥有一套相对独立的完整的生产经营系统，以面向市场竞争为准则，把企业集团内对应同一类客户群、处于同一竞争领域、有着同一竞争对手的产业或服务单位组织在一起，按照集团总体战略和目标的指导，相对独立展开经营活动。一个 SBU 具有一致的业务、独特的市场重点、相同的竞争对手，并拥有独立的经营职能（设计、制造、会计、经销）四大特征，在集团战略目标的约束下，运用集团提供的资源，执行各自的竞争战略管理过程。

前些年我还专题调研过海尔集团 SBU。海尔集团 SBU 是内部市场化的一种组织结构和管理控制机制，其设计思路是让每个业务单元都变成市场中的交易主体，并力图把每个员工推向市场，直接参与市场竞争与经营。在访谈中，海尔的财务主管告诉我们："SBU 的建立是与企业的经营目标紧密相连的，并不是每一个员工都一定是 SBU，主要是关键岗位的员工，如产品经理、型号经理、采购经理、客户经理、制造经理、售后经理等和主要的业务流程环节；SBU 类型有纵向和横向的，纵向的包括产品线、工厂、车间、班组；横向的以项目来贯穿，是一个价值创造中心，可以单独进行绩效考评。"SBU 的构建过程需要把企业内部部门和部门之间的"墙"推倒，把职能关系变成市场关系，使组织结构扁平化，把市场中的利益调节机制引入企业内部，把企业内部的管理和业务关系由原来的行政机制转变成买卖、服务和契约关系，把每个人从被管理者变为一个经营者，自主经营和各负其责。各 SBU 还根据自己的市场定位成立一个个项目组，再按项目打破部门界限签订合同、组建无边界团队。这些年海尔集团也用了一个新的、非常中国化的"自主经营体"来取代他们用的SBU。我本人很欣赏海尔的这种对管理组织的创新探索。但是，我今天要说明的还是比较西方化的SBU，即追踪战略落地的一种新型组织与控制体系。

说到企业经营组织和控制权限的分类制度设定，不得不谈谈我们管理会计教材中"投资中心"、"利润中心"与"成本中心"等责任中心原理。不同类型责任中心的制度要求实现了管理会计与组织管理体制的完满结合。我有时觉得这也许是管理会计能够成为"管理者的会计"的首要根源。备受推崇的华润集团"6S"利润中心制度安排及其成功运作也证明了我的分析。不过，我们也看到利润中心制度在强调战略方针的公司里其弊端日益显现。

还是以四川长虹为例，目前该公司业务越来越多元化，下属子公司多达三四十家。这些子公司肯定是标准的"利润中心"。如果简单地、整齐划一地对全部子公司实行统一的、标准化的利润中心管理制度，其管理效率与效果是不难想象的。可喜的是，在集团管控上长虹公司依照SBU的四大理论特征，对所属全部子公司进行战略管理整合，归并为九大SBU，并配以相应的战略管理机制。不难看出，在SBU模式下，集团的战略被清晰地分为公司战略（corporate strategy）与经营战略（business strategy）两个层次。前者主要负责战略决策、投资以及资源在不同SBU之间的配置等；而后者则涉及具体的有关集团公司战略执行和经营战略决策的提出。作为市场竞争的直接组织实施者，由SBU提出在不同行业内或市场中进行竞争的经营战略最为恰当。而集团总部的作用则在于对各SBU所提出的经营战略予以评价，并在各SBU之间依据集团总体的长远发展思路分配财务等资源。

再者，就利润中心而言，有一个不容忽视的问题是关于以利润概念定位的"战略"把控分析。单纯从利润表就可以得出"毛利"、"营业利润"、"主营业务利润"、"投资收益"、"税前利润"、"净利润"、"扣除非经常性损益的净利润"等概念与数值。在一个"不管白猫黑猫"、"奉行结果导向"的公司里，很少有人关注"是什么利润"，大家只关心最终"净利润是多少"。然而，在一次与某国有大型集团总会计师的聊天中我得知，他的公司总裁三年前就严格界定，对各子公司管理层的考核中只有利润表中的"营业利润"才算作"考核利润"，而"投资收益"、"营业外收支净额"和"补贴收入"等一律不予考虑。听毕，我特别佩服这种通过财务利润的构成实现"战略过程管理"的做法，他"太有才了"！相比之下，一味强调"净资产收益率（ROE）"和"净利润指标"考核的证监会、国资委考评局以及财务教授们真的有必要向这位总裁学学"什么是"和"如何开展"战略管理。我认为从考核"净利润"转到考核"营业利润"就是从利润中心制度向SBU制度的升华。

企业战略的制定和执行同等重要，战略中心组织的建设与运行确保集团的一切组织工作均围绕着"战略"展开，并配置适宜财务指标（KPI）牵引战略具体路径，才能符合"战略视角"来整合公司组织结构和管控措施的理论主张，这一点也正是SBU模式的精髓。

（根据原载于 2007 年《新理财》第 9 期"培植追随财务战略的 SBU"文章改写）

着力导入标杆管理,全面造就学习型企业

1. 概念剖析:标杆管理是一种追随"榜样"的管理理念与工具

从字面上讲,标杆(benchmark)是指进行测量的基准点或可供参照的标准。从企业管理来说,标杆是用于度量某一职能部门、经营活动或业务单位相对于其他公司业务状况的指标。标杆管理(benchmarking)被看做是一种追寻、学习、赶超"榜样"的管理活动,它是一种强调以领先企业的业绩与做法作为标杆和基准,通过资料收集、分析比较、跟踪学习等一系列规范的程序,实施最佳做法,改进绩效与流程,追求持续竞争优势的管理理念与工具。标杆管理隐含的含义有三方面:一是找寻"标准",回答"学习谁"和"学什么"等问题;二是确定"目标",厘清指标数值与差距,回答"学多少"与"什么时间学"等问题;三是消化"标杆",关注"学得如何",解决实施过程中的各种问题,包括偏差分析与"调标"(调整标杆)。

一般认为,20世纪70年代末期美国施乐公司率先采用了标杆管理,该公司在面临包括日本企业严峻挑战的压力下,通过核心指标对比,寻找与竞争对手企业尤其是日本佳能公司存在的差距,找出问题的症结,对关键业务流程进行调整,重新夺回失去的市场份额。施乐成功之后,IBM、柯达、摩托罗拉、强生等公司纷纷效仿使用标杆管理,在全球范围内寻找最佳做法,使得标杆管理一举成为企业获得竞争优势的重要工具。

从外延看,标杆的类型主要包括:(1)业绩标杆。这是对比产

品和服务来评估自己所处竞争地位，通过经营数据分析财务、成本、质量、服务、核心业务流程、技术业绩、供应链业绩、员工业绩等，以优秀企业业绩为标杆不断提高自身竞争实力和业绩水准。这类标杆具有明显的定量特征。（2）制度与流程标杆。在公司治理、管理体系、工作流程、运营系统等方面，学习或直接借鉴具有类似先进制度与流程的企业的有效做法，完善本企业管理体系或改进某个核心流程。这类标杆偏重定性特征。比如，主营房地产的万科曾经提出学习"麦当劳"，构架其组织与管控体系；还有一批企业致力于学习日本丰田公司的 just-in-time，改进生产流程与运营周期；另外一批企业推进 ISO 9000 系列标准的贯彻实施，加强工序质量控制，构造标准化作业。（3）战略标杆。这是与竞争对手和业绩最佳公司相比较，明确公司的竞争地位，引导公司制定长期规划，以确保核心业务和战略上的竞争优势。一些房地产公司打出了"学习万科好榜样"的口号，还有些中国公司呼喊的"打造中国的 GE（美国通用电气）"，就是属于这类战略标杆管理，这类标杆兼有定量与定性特征。战略标杆既有"低成本"、"差异化"、"聚焦"这类战略定位"寻标"问题，也有"多少年"达成"多少规模（水平）"等数据上的"愿景"问题。除了这三大类型以外，标杆还有依据其他标志划分的类型，如按可行程度区分，包括可行（practical）型标杆、理想（ideal）型标杆、超理想（stretching）型标杆；再如，根据关注重点的差异，有管理过程型标杆和管理结果型标杆之分。

  标杆管理是一个程序化的管理实践。摩托罗拉公司的标杆管理流程包括五步：（1）对什么进行标杆管理；（2）找到作为标杆的公司；（3）收集数据；（4）分析数据，并把结果引入标杆；（5）调整流程并循环。施乐公司的标杆管理隐含了计划、分析、整合、行动和成熟这五个阶段，并再细化为十二步。从形式上看，各个企业的标杆管理流程步骤的繁简存在很大差异，但是我们认为实质上，这些分析可以归纳为三大步骤：（1）寻标，即确定对什么进行标杆管理和采用何种标杆进行管理；（2）执行与消化，即收集数据，选择最佳标杆管理对象，实地考察，开发出自己的最佳做法；（3）持续改进，即分析关键指标，考察使用最佳做法后的绩效，提出改革建议，同时建立跟踪考察机制，以不断改进。可以说标杆管理程序既需要个性化设计，也需要把握相对一致的内在要求，这三大步骤实际上就是管理学中最基本的 PDCA 循环过程的具体化。

作为一种管理理念，标杆管理一方面打破了传统理论认为"不来自原创就没有价值"的障碍，鼓励"敢于借鉴"、"可以向任何人学习"的观点，它提倡不但要学习其他企业的成功经验，还要从他人的错误中得到教训，以少走弯路；另一方面突破了传统管理中注重"回顾过去、分析现在与规划未来"的时间序列上的纵向分析，强调空间范围上的横向比较。

作为一种实操管理工具，标杆管理在企业内部的运用范围十分广泛，可以导入到几乎所有的管理领域，当然重点还是应用于企业的战略规划、绩效考评、计划预算指标、业务流程再造、质量管理、供应链管理、人力资源、制度建设以及变革管理等，为这些极具挑战管理的工作提供便捷的驱动工具。

作为一种相当普及的管理实践，这些年里标杆管理的概念有以下演进与创新：（1）全球化视野。大多数企业在全球范围内寻标与定标，以国际上同行业领先企业的绩效为标杆，跟踪学习国际企业的"最佳实践制度"和"最佳绩效标准"，持续改进与追求卓越。（2）不再完全局限于与主要竞争对手的比较，而是"寻找能够带来超常业绩的最佳做法"，放眼于其他行业的任何公司，目的是通过学习，得到启发。比如，日本丰田的 TPS 与成本管理的示范效应不仅超出了汽车产业,还被许多非制造类企业"研究"与"模仿"。(3)标杆管理不再局限于只改革最糟糕的业绩,还补充了传统的持续改进方法,特别强调快速学习最佳实践的经验。(4)外部标杆与内部标杆的结合使用。最早的标杆管理重点关注以竞争对手为基准,就像美国施乐公司瞄准的是有着同类产品、服务甚至相同客户的日本佳能、NEC公司的运营与绩效实践这类外部标杆进行比较分析,现今的标杆管理同时也崁入了"内部标杆",特别是多元化的集团企业以内部运营为基准,通过确立内部绩效标杆,识别内部最佳职能、流程与绩效,然后推广到集团内部其他组织单元,实现内部知识与信息共享。(5)标杆管理不仅仅限于营利企业的应用,在非营利组织业已发挥特殊的作用,标杆管理已经给各类组织带来一场变革、学习、竞争的经营理念与管理工具上的革命。

2. 理念导入:寻标与定标中的领导力

如何导入标杆管理呢?谁来主导呢?寻标与定标是推行标杆管理的起点,良好的开端是成功的一半。同时,强化寻标与定标中的正确决策与领导是至关重要的:(1)依循 SMART(明确、可量化、可达成、责任相关、时效性)原则,探求关键成功因素与关键业绩指标,深究的指标数量不宜太多(比如,一般认为不宜超过八个),明确关注的重点或亟待解决的最大"短板"问题。(2)立足行业特性、竞争力和挑战性。标杆的选取应该兼顾过程与结果、财务与非财务、短期与长期、内部与外部、能力与目标的平衡;既要防范好高骛远,又要杜绝不思进取。关注学习与竞争力,在不排斥内部标杆的前提下,重点引入来自行业水平和竞争对手的外部标杆,提升业务单元的市场竞争能力。(3)彰显战略的阶段性主题。公司发展有不同阶段、产品有不同的寿命周期,公司战略也就一定会划分各个不同阶段，标杆选取应该体现不同阶段的战略目标与战略重点。（4）推行弹性的、滚动的"标杆"数值。比如，可以设计、确定几种不同水平的业绩标杆，如公司现有业绩水平（水平1）、公司历史最好水平（水平2）、本区域同行业最好水平（水平3）、全国同行业最好水平（水平4）、全球行业内最好水平（水平5），以此推行适宜的、差异化的、能够持续改进的标杆管理。另外，标杆的确定应该具有动态性，既要有三五年的战略目标，又要每年检查并修订一次标杆的滚动定标机制。

本文强调寻标与定标中的领导力，不仅要保证上述寻标与定标的原则与方针是企业高层决策的，并已在公司取得共识，而且公司确定的标杆指标及其标杆数值是经过严格的决策组织程序，由公司高层决策或总部明文规定的。另外，标杆的项目名称、定义、计算公式、取值范围等规定清晰，整齐划一，成为公司共识，严防"各自为政"与"数出多门"。

3. 制度执行：把标杆管理扎根于公司管控的全过程

标杆管理是一个过程化的战略管理工具，贵在执行。标杆管理执行力的到位要领如下：（1）加大标杆管理的培训、宣传，把追随榜样的理念融入企业文化与员工行为之中。在制度与流程标杆学习方面，我国企业很重视内控制度与风险管理体系的建设，我们认为西方一批大公司的内部控制与全面风险管控的制度业已十分成熟，其可操作性、针对性、系统化、精细化等诸多方面很值得中国企业直接"标杆"学习。在公司内部清晰的授权制度、严格的职责分离、细化的预算管理、固化的IT系统和信息管理、苛刻的审计监督、明确的业绩合同与绩效问责等制度建设方面，完全可以"复制"。但是一批企业总以"不符合中国国情"、"太苛刻死板"、"循规蹈矩"而拒绝学习，在这种文化心态下，再好的标杆也只是摆设，再好的制度也只能流于形式。(2) 贯彻"用数字说话"，通过业绩合同、激励目标与预算指标固化、细化、契约化以"消化"标杆，使每个部门、环节和员工都直接熟知标杆方向、具体目标、经营责任和时间进度，夯实标杆行动计划，同时确保公司组织结构、资源配置、市场规划、产品开发、成本控制、客户服务等有条不紊地开展工作，最大限度地确保标杆目标达成。(3) 利用"雷达图（蛛网图）"、"看板"、"红绿灯"适时编制显示标杆实施差异的"标杆报告"。反映"标准（标杆指标）、目标（标杆数值）、本企业实际、差异分析"等内容的标杆报告，是标杆管理的信号灯与仪表盘。企业应该借助于 IT 系统，适时编制、生成高质量的、具有决策与管控相关性的标杆报告。这里特别强调，标杆分析需要的数据资料很多，极易造成信息"淤积"与"超载"，如何使"标杆体系形象化、数据资料图表化、经营状况可视化、管理工具模板化"，这是标杆报告开发中一个不可忽视的技术问题，应该采用"雷达图（蛛网图）"、"看板"、"红绿灯"形式编制这类标杆报告，以增强该报告的形象化和可视性。(4) 通过标杆跟踪调整机制，在可能情况下适时校正原定的标杆。

4. 工具融合：与管理控制系统的配合使用

企业常用的管理控制工具主要有预算管理、平衡计分卡（BSC）与战略地图、经济增加值（EVA）、基于作业的管理（ABM）、整合绩效管理（IPM）等。这些管理工具的导入实际上都可以也需要融入杠杆管理工具与理念，实现标杆管理与其他管理会计工具的相得益彰。

比如，"讨价还价"、"老实人吃亏"、"会哭的孩子有奶喝"一直是推进预算管理的困境，其实如果加大标杆管理尤其是整合外部竞争性标杆与预算指标的力度，将大大缓解预算困境。

平衡计分卡的确较好地平衡了财务与非财务、原因与结果，提出了度量指标的财务、客户、组织学习以及业务流程这四个维度，但是平衡计分卡包括战略地图都只是明晰展示了简单的指标与数据要点，并未提供能够正确比较每个维度及其指标业绩水平的比较信息。只有借助于标杆管理，引入具有比较的杠杆信息数据，才能够做到对企业的综合绩效度量、战略刻画、经营改进的领域、努力的方向一目了然。

国资委、企业界已广泛接纳 EVA 理念，但是在 EVA 的计算中资本成本（WACC）如何取数则难倒了一批企业，我们如果换个思路，用行业平均（或标杆企业）的投资资本回报率取代 WACC 计算 EVA 的话，难题就可轻而易举地得到解决。

总之，标杆管理对于中国企业不可或缺！

（根据原载于 2009 年《财务与会计（理财版）》第 2 期"着力导入标杆管理，全面造就学习型企业"文章改写）

企业绩效评价如何"战略化"?

财务战略无疑也是一个 PDCA 过程,其中 A(分析)既有诸如"红绿灯"等"过程控制"类制度,也包含绩效评价这个偏重于"结果控制"方面的制度。说到绩效评价,它有太多的"切入点"或"分析视角"。我这里提出基于财务战略视角来分析,是强调绩效评价必须联系公司战略制定、执行过程与提升股东价值结果的一致性,具体的要义应该包括:

第一,股东价值的提升是绩效评价的起点和归依。公司是股东的公司,公司的绩效必须以股东价值为载体。以股东价值为归依的绩效评价是股东价值最大化理财目标的体现。当然这个目标必须兼顾员工利益、顾客价值、债权人利益、社区服务与公民责任等,或者说必须从战略设计、业绩结果上关注和平衡所有利益相关者的愿望和要求,但是股东价值与其他相关者利益的主次划分是不能动摇的。另外,股东价值不应该局限于会计账面利润等,还应该关注以经济增加值(EVA)为主导的"股东超额收益"。

第二,兼顾"结果指标"与"过程指标"、财务指标和非财务指标的使用。战略管理肯定要兼顾"结果"与"过程",综合考察价值目标和价值驱动因素,战略业绩考评必须彰显这一要求。"结果指标"无疑是以财务指标为主体,但是"过程指标"应该偏重于用财务指标难以刻画、衡量的关键成功因素,如运营、质量、及时性、安全、文化及制度执行等。许多研究已表明非财务指标能够有效地解释企业实际运行结果与计划之间的偏差,比如市场占有率和产品质量等非财务指标可以有效地解释企业利润和销售收入的变动；此外，非财务指标能够更为清晰地解释企业的战略规划以便对战略实施进行过程控制。

第三，评价指标的选取受制于战略重点，故业绩评价指标一定是差异化的并需适时调整。不同企业绩效评价指标的差异化、同一企业使用的评价指标的不断变革是由战略的差异化、企业经营周期的更新等决定的。比如，有的企业在特定时间必须采取"规模主导"战略、下一个时期必须采取"利润主导"战略，这样的话绩效评价中的核心指标肯定是不一样的。从这个角度分析，国资委对大型国企采用全国各行业各企业"整齐划一"的绩效评价指标就不是战略主导的，尽管在其主指标和辅助指标中都包括"安全生产"、"会计信息真实性"、"基础管理"等内容。

第四，指标权重的设计还是由战略决定。权重是一个相对的概念。某个指标的权重是该指标相对于其他指标的重要程度的数字表现。一组指标的权重分配反映了相应岗位的职责及业绩不同侧面的重要程度。指标的权重是公司的指挥棒，体现着企业的价值观和战略意图，权重值的高低意味着对经理和员工工作活动期望的大小，并直接影响到评价的结果。设置关键业绩指标权重时主要考虑各指标对战略及经济效益、可控性、可测性等方面因素的影响。业绩评价指标即使可以相对固定，但各指标在考评中所占的权重必须随战略重心的变动而调整。提及变革，很想和读者分享我前不久对位于日本名古屋的丰田公司调研的一点深刻印象：前些年丰田公司提出"T"型考核，"一横"包括"安全、成本、质量"，其中"成本"是最为主导的、权重最大的，故形成中间"一竖"，整体构成"T"。近年丰田公司推出的是"π"型评价制度，其中"一横"是指"安全、质量、生产效率、员工技能、成本"，其中又以"质量"和"员工技能"作为最为深度关注的、权重最大的两个指标,故形成相间的"两竖",整体构成"π"。很显然,对"质量"和"员工技能"的特别关注无疑是对短期"成本"的挑战,而这些挑战的制度安排则是战略使然。

　　第五,业绩评价考核"基准值"的战略考虑。从理论上讲,业绩评价的"基准值"包括多元选择:(1)相对标杆(竞争对手业绩、行业平均业绩、行业先进业绩等),如有的公司按照同行上市公司披露的经营业绩,计算同行业其他企业的业绩,以此确定考核基准值,理论上将其称为"标杆瞄准"。(2)历史标杆(过去三年平均水平、前一年业绩水平等)。比如,有的企业的考核基准是比上年同期"增减%",理论上将其称为"持续改进"。(3)经验标准和理论数字标准,比如流动比率的倍数要求。以上这三类基准值不能说丝毫没有战略色彩,但是战略导向肯定不强烈。本文认为,唯有以"预算值"、"目标值"为基准值才是战略主导的绩效评价。因为只有预算值和目标值才是战略的直接表达。

　　(根据原载于2007年《新理财》第12期"财务战略视角下的绩效评价"文章改写)

反周期投资：理性与风险并存的财务战略

反周期投资（counter-cyclical investment），顾名思义，是在经济周期高处按兵不动、收缩甚至退出，而在经济周期低谷加大投资力度和发展速度。但这并不意味着企业任何时候都跟市场趋势反着来：别人投资的时候我不投，别人不投资的时候我偏投。

反周期投资有两方面的含义：一方面是要准确判断经济周期；另一方面是要领先于市场周期和竞争对手，即在经济周期启动或反弹之前先于竞争对手投入资金和资源，在经济周期从高处跌落之前先于竞争对手收手甚至退出。不过在实践操作过程中，尤其是在中国目前的经济环境下，反周期投资常常会受到政府政策和资本市场限制、企业家自身能力和对企业的感情等因素的影响。那么，企业怎样才能将这些因素的影响最小化，并通过反周期投资来实现快速扩张呢？

1. 反周期投资战略的理性分析

从财务战略上说，指处于外部经济低谷阶段时"反周期投资出击"。着眼于企业层面，这类抄底式、激进式战略的具体方式与具体内容应该包括四个方面：（1）反周期（内部）投资；（2）逆周期（外部）并购；（3）低潮时广纳贤才；（4）加大研发投入与新产品开发。这四种具体方式还可以区分为激进式内涵式战略模式和激进式外延式并购扩张战略模式。

回顾企业发展历史，应该说一批企业正是抓住经济衰退中的良机，果断出击，在经历萧条时扩展、夯实了自己的核心业务，脱颖而出并成为行业领导者。比如，在经历亚洲经济危机之后的短短几年间，韩国三星公司大胆实施"数字化战略"，通过收购进行资产的重新组合，一举成为超越摩托罗拉、索尼的市场领导者，不少人认为十年前的亚洲金融危机使一批韩国企业倒闭的同时也让三星迅速崛起。因此，行业的领先者与一般公司的区别恰恰在于对待经济低迷的态度上，它们总是将经济低迷作为增强领先优势和出手进行收购的大好时机。

另外，利用经济低迷时机实施"积极作为"战略，在李嘉诚身上表现得尤为明显。有人总结李嘉诚的成功，尤其是危机中的"度冬"策略中的"关键词"就包括："楼市低谷时竞标拿地"、"逆市扩张"、"高沽低买"。李嘉诚在投资战略上的经典"语录"有："好景时，我们绝不过分乐观；不好景时，也不必过度悲观，这一直是我们集团经营的原则。在衰退期间，我们总会大量投资。我们主要的衡量标准是从长远角度看该项资产是否有盈利潜力，而不是该项资产当时是否便宜，或者是否有人对它感兴趣。我们历来只做长线投资。""对所投资项目的价值和价格掌握精准，将工业用地改为住宅和商业用地的谈判拖入低潮期，从而节省补交地价的费用。"这些言论都是反周期投资的具体路径。

理论上，分析反周期投资战略的理性动机集中在"低成本"扩张。因为经济危机期间，虽然市场需求不足、市场信心受挫，却正是各种生产要素和大宗商品价格便宜、资本市场的资产价格低迷，市场上各种基建材料和项目施工低廉之时。在经济低潮时内部新建改建，并在市场回升时建成投产，就能收到降低投资成本和快速回收投资的效果；另外一些企业出于盘活资产、套现"度冬"的考虑，会加大出售相关技术、设备、股权甚至整个企业的战略安排，极易实现低成本并购。经济衰退还会迫使不少企业包括优秀企业大规模裁员，这也为一些有实力企业"低成本"吸纳优秀人才提供了良机。诸如此类都是谋求低成本扩张的"反周期投资"策略。不过，当经济衰退时，还有一种相反的投资心态，唯恐投资后经济继续衰退，所以举棋不定或不敢投资，一旦经济上涨才会大举追加投资，从而丧失低成本扩张良机，这是典型的"追涨杀跌"。所以反周期投资战略的精髓反映着一种独特的投资心态。

2. 反周期投资战略的实施要领

反周期投资战略虽然有其"低成本"理性的成分，但是既然是"反周期"，就必然带有冲动色彩，是充满了赌性的决策。那么如何实践反周期投资的财务战略呢？具体要领应该包括：

第一，反周期投资应该在清晰的战略下展开，奉行战略投资而不谋求短期套利。

这次金融危机爆发以来，海外企业普遍陷入经营困局，投资热情受挫。与之形成了鲜明对比的是中国企业尤其是一批国企的高调出击，海外并购抄底案例频出。中国企业对外投资尤其是海外并购的冲动似乎并未受到金融危机的影响，或者说这次金融危机对于中国企业来说好像是个例外。当然如果有这种"例外"肯定是不正常的。

中国企业要想在经济衰退阶段合理利用衰退机会实施反周期投资，必须要有清晰的战略来支撑其投资行为。投资既然是企业扩张战略的实施，就必须从总体战略通盘考虑，应该以增强其核心竞争优势为基础，围绕发展战略优化资源配置，绝不能单纯在价格低廉的诱惑下盲目收购。所以公司的投资不是为了短期获利，而应该以公司战略为导向，坚持完善产业布局、遵循反周期投资的战略"归核"要求。

第二，反周期投资应该以正的自由现金流为后盾，谨慎使用负债"抄底"，确保激进的战略和稳健的财务条件组配。

一般来说，自由现金流量（FCF）是经营现金净流量扣除必要的资本性支出和营运资本追加后的余额。正的 FCF 是企业内在价值的决定因素和偿债能力的最终保证。拥有稳定和大量自由现金流量的公司更能增强自己的实力，因为它们可以利用这些现金流量降低负债率、改善与债权人的关系；或根据市场环境抢占有利的投资机会，从而在以后的生产经营中产生更多的现金流量，使得企业的实力不断增强。

反周期投资是一项资本战略，它必须以自身能力为基础，这些能力不限于财务资金能力，但是最重要的是自由现金流的实力，即"反周期"资本性支出必须考虑现有的自由现金流。反周期投资的实施必须确保"后院不能着火"，必须确保既有业务的资金链安全。我特别欣赏李嘉诚对待投资的决策规则："在业务开拓方面，保持现金储备多于负债，我追求的是在稳健与进取中取得平衡。"

第三，奉行先内部扩张，后外部并购；先收购少数股权，后逐步增资；先立足国内，再"走出去"的渐进式策略。

内部扩张和外部并购是企业实现发展的两条基本途径。通过内部扩张，可以在整合已有资源的基础上，挖掘内在潜力，提高当前业务效益，但是企业成长的速度较慢；通过外部并购，则可以直接进入新的领域，完善生产或销售网络，以多种形式实现快速扩张，但制约并购成功的因素十分复杂，因为并购不仅仅是资本交易，它还涉及法律、政策、社会文化等诸多因素。因此，当企业难以操控并购扩张的种种风险问题时，应该将有限的资本资源先实施内部扩张，实现内涵式发展，在此基础上对拟并购项目做出周全的分析，再由内而外稳步推进并购投资。

这里我们要特别强调，中国企业要谨慎实施海外并购，应该少有国际投行"忽悠"的"抄底"或"拯救华尔街"心态。众所周知，过去20年中国企业海外并购败多成少。仅在2008年，中投、中铝、平安保险等一系列的失败事件，保守估计中国企业损失在2 000亿人民币以上。联想到西方国家对中国企业的层层戒备，"抄底"的想法更多的是一厢情愿的冲动。

（根据原载于2009年《财务与会计（理财版）》第9期"反周期投资：危机当下的理性财务战略"文章改写）

企业如何"杠杆化"生存?

1. "高杠杆"发展招致"去杠杆化"生存

美国是全球金融危机的发源地,人们普遍认为金融危机的导火线是以美国为首的发达国家拥有太多的"杠杆"。尤其是金融行业近乎疯狂的高杠杆操作诞生了一个又一个衍生金融产品,如债务质押支持债券(CDO)、信贷违约互换(CDS)等,随着衍生层次越来越多,金融机构的杠杆被无节制放大,使得最基本的实体资产质量在华丽又繁复的"杠杆"包装之下几乎无人关注,其本质也越来越难看清。据资料显示,2007年年底全球所有金融机构的平均杠杆比例超过30倍,雷曼兄弟杠杆比例高达33倍,美林、大摩、高盛集团杠杆比例都在27倍左右,德意志银行杠杆比例高达60倍,巴克莱银行集团杠杆比例达55倍,富通银行杠杆比例达34倍,而对冲基金、私募基金的杠杆比例则更高。高杠杆化的使用达到极致,进而导致全球金融危机。为了应对危机,美国社会开始全方位的"去杠杆化",包括金融产品、金融机构、投资者和工商企业,甚至包括大众消费者。

回到中国,2008年下半年以来,我国金融机构、工商企业在融资、金融工具尤其是衍生金融工具方面的投资亏损陆续浮出水面,"高杠杆"也成为中国金融机构和企业的重要风险源。"去杠杆化"的风潮在我国再次上演,如通过出售风险资产来偿还债务,主动收缩其资产负债表等。

我这里主要聚焦工商企业"去"与"留"杠杆化生存。文章在对企业杠杆的含义、种类及其财务后果重新进行理性梳理的基础上，提炼企业"杠杆化"生存的法则与技巧。我们相信这也是在金融危机中必须回答的财务理论与实践难题。

2. 现代企业内生多种杠杆

企业使用"杠杆"就是指以少量的资源"撬动"较多的资源，以少量投入"支撑"较大收益。"以少博多"、"以权益博负债"、"以现在博未来"是企业利用杠杆开发各种财务资源的基本特征。具体而言，企业可以利用的杠杆方式包括以下五个方面：

一是财务杠杆。这是以财务费用为支点的杠杆。由于负债尤其是有息负债，会致使企业息税前利润（EBIT）的微量变化引起权益报酬率（ROE）的大幅变动。企业资产报酬率（ROA）和负债利率差额具有不确定性，并引起ROE大小的巨变，这种风险即为筹资风险。这种风险程度的大小完全受控于财务杠杆大小。对财务杠杆风险的管理，关键是要保证有一个合理的融资结构，维持适当的负债水平，既要充分利用负债资金获取财务杠杆收益，同时要注意防止过度举债而引起的财务风险。财务杠杆"存在于"资产负债表的右边。

二是经营杠杆，指由于固定成本而造成的息税前利润变动率大于产销量变动率的现象。经营杠杆扩大了市场和生产等不确定因素对利润变动的影响。在其他因素不变的情况下，固定成本越高，经营杠杆系数越大，经营风险越大。显然，固定成本的大小与固定资产占总资产的比例密切相关。经营杠杆"存在于"资产负债表的左边。

三是集团内部"宝塔形"的股权结构。一个拥有多级法人的集团"金字塔"层层连锁控股使其可依据一笔股权资本在集团内部以上下不同法人身份数次取得外部融资，包括"少数股东权益"

和负债，尤其是银行贷款，从而对其母公司控制的资产和收益发挥巨大的杠杆作用。

四是以金融创新为主旨、以衍生品为主体的杠杆创造性运用。不仅使用期权、期货等常规金融工具，也使用资产证券化的、CDO等衍生产品，将一系列不动产、债权等打包质押，对外发行流通性证券或债券，使不动产、实体资产、信用都"流动"起来，以此形成一笔可观的资金来源。正是这些杠杆构成了纷繁复杂的虚拟经济。

五是表外杠杆，包括担保和特殊目的会计主体（SPE）等。例如，美国安然公司就是利用最复杂的 SPE 金融工具进行表外融资和粉饰报表，最终经营失败导致现金流断裂。

3. 在危机中提炼"杠杆化"生存法则

杠杆化是把"双刃剑"：当宏观经济走势强劲、金融市场持续飘红、企业经营业绩表现可观的情况下，企业内在的各种杠杆会对企业的快速成长、资源配置能力的提高以及公司价值的提升起到推波助澜的作用；但是一旦处于宏观经济下滑、金融市场走软、企业经营业绩表现低于预期的条件下，就极易引发银行挤兑、重创资产的流动性，衍生品遭到恐慌性抛售，企业财务盈利表现出巨幅波动，使企业陷入危机之中。这次金融危机使得杠杆的双刃剑效应发挥得淋漓尽致。

由此，一味地呼吁彻底的"去杠杆化"必然因噎废食，我们不能否定杠杆特别是低风险的比较传统的杠杆发挥过也必将继续发挥巨大作用。理性的说，没有杠杆就没有金融市场，我们不能彻底地"去杠杆化"生存。我们的任务是说，应该降低"泛用"杠杆的程度，并在"双刃剑"的理念指导下提升杠杆导入、使用的技巧，有效提高杠杆的使用水平。

（1）企业要"有序"使用各种杠杆

我们认为按照企业的可控程度和信息不对称的程度从易到难排序，分别是经营杠杆、财务杠杆、集团内部权益融资和金融衍生品运用，这同时也是企业各杠杆手段的使用顺序。下面分述之：

企业经营杠杆的利用提高了盈亏平衡点水平，放大了经营风险，但是又会提高经营效率，提高产品经营的获利能力。经营杠杆的使用与企业盈利模式密切相关。比如，有的企业奉行"重资产战略"就是对高经营杠杆的追求，而"轻资产"战略则是要着力降低固定成本和经营杠杆。由于盈利模式基本上完全受控于公司战略，极具可控性，所以企业应当优先考虑经营杠杆。

财务杠杆即利用适度负债，是企业次优考虑的杠杆手段。适度负债是企业财务运作的必然，但是绝大多数企业的"死因"都可归结为过度利用财务杠杆，具体表现为：① 财务杠杆的目的很多是"借新债还旧债"或者是玩"短贷长投"；② 贷款资金运用效率低下，经营盈利不够支付负债利息。

集团通过层层连锁控股结构多次融资，利用"少数股东权益"、子公司负债金字塔效应及其集团母子公司的相互担保，为整个集团"撬动"外部财务资源，并直接提升"属于母公司股东的净利润"。相比单一法律主体的杠杆风险与负债融资，集团上下风险控制难度系数更大，可控程度也较低。

对企业来说，最复杂也最难控制的是对金融衍生品的运用。我国企业在金融衍生品交易中栽跟头的案例屡见不鲜：企业正常的套期保值行为变成了以盈利为目的的投机行为，期货买入量可能超过公司的实货量，甚至签订对赌协议，做场外交易、地下交易，亏损的可能性大大增加。

（2）交互使用各种杠杆，平滑企业总风险

这是强调企业不要不加挑选、"扎堆"地使用高风险杠杆，避

免风险叠加,必须关注多种杠杆的风险差异性和互补性,特别提倡交叉使用杠杆,实现风险高低互补,以平滑企业总风险。比如:

① 经营杠杆和财务杠杆的互补。财务原理上把经营杠杆与财务杠杆的交叉使用称为复合杠杆。企业的复合杠杆率(DCL)是经营杠杆率(DOL)与财务杠杆率(DFL)的乘积。所以两者的交叉使用会产生风险的"乘数效应"。故此财务理论上一直主张"高经营杠杆率与高财务杠杆率的搭配"无异于火上浇油。十多年前亚洲"四小龙"中不少企业因高经营杠杆率与高财务杠杆率的交叉使用曾经风光闪烁,亮丽全球,可是东南亚金融危机的爆发使得它们顷刻间销声匿迹。还有前些年在行业景气周期下,我国各家航空公司凭借高经营杠杆和高财务杠杆的"双高"创造了惊人的高 ROE,当景气急转直下、需求萎缩时,其双高杠杆便开始反噬公司利润,甚至将高负债率的航空公司逼到了破产边缘。

为此,企业应提倡:第一,高经营杠杆率与低财务杠杆率的组配,即企业进行大规模固定资产投资时,应该偏重于采取股票方式筹集资金,并视情况少量举债。第二,低经营杠杆率与高财务杠杆率的组配,即在企业较少地进行固定资产投资,如在"轻资产"经营战略下,可适当增加负债筹资规模,推行高负债率财务战略。第三,尽可能规避"短贷长投",因为这是一项高风险的组配。金融危机时不能使用,即使在经济繁荣时也要特别谨慎。

② 财务杠杆和金融衍生品使用的互补。当企业的财务杠杆率较高时,对于金融衍生品的使用更需慎重。以东航为例,2008年年报显示其资产负债率高达 115.12%,公司经营资不抵债,流动资金非常匮乏。同时,由于下半年油价的一路下跌,东航的航油套期保值合约所产生的公允价值变动损失到年底时已攀升至 62 亿元,比上年增加 63.53 亿元。在航空业不景气的情况下,东航面临内外交困的局面,加上如此巨额的航油套保损失,出现大幅度的

经营亏损，而自身的高负债率造成的财务困境又使其只能主要依赖政府注资，扭亏乏力。为此，我们特别赞赏国资委 2009 年 3 月发布的《关于进一步加强中央企业金融衍生业务监管的通知》，该通知要求资产负债率高、经营严重亏损、现金流紧张的企业不得开展金融衍生业务。

③ 低财务杠杆与高集团内部股权杠杆的互补。如前所述，集团合并报表中无论是"母公司股东权益"还是"少数股东权益"都可以直接降低集团负债率，也就是都可以"撬动"更大的财务杠杆，不过由于"金字塔"效应，集团必须以较低的财务杠杆"平滑"集团合并下的特有杠杆。

④ 表内杠杆与表外杠杆的互补。当企业主要的表内财务杠杆融资规模已经比较大时，表外杠杆会"掩盖"表内杠杆的风险。但是这肯定不可能真正"屏蔽"企业真实的风险，尤其是财务风险。因此，企业的表内融资与表外融资应当高低互补。

(3) 资产运营速度可以"冲击"杠杆使用程度

以上的分析基本上是基于企业经营效率固定、资金周转率不变的前提下的结论。如果考虑资产运营速度的改善，以上结论就明显过于保守。资产周转率尤其是流动资产周转率越高，表明销售能力强劲，现金回款快速，资产管理和运营效率越高，这不仅增强了企业的盈利能力，也是抵御风险的灵丹妙药。我们利用存货周转率这一数据进行比较，房地产上市公司的存货周转率平均在 0.25 左右，保利地产和金地集团的存货周转率分别为 0.27 和 0.24，招商地产的存货周转率仅为 0.1，而万科的存货周转率则达到 0.33，远高于行业平均水平。快速销售、快速周转带来的高运营效率有效地抵御了高负债风险，使万科在 2009 年中国房地产百强企业综合实力中排名第一。

(4) 高财务战略储备可以支撑较高"杠杆化"生存

无论杠杆化的前景多么美好，企业一定要为风险的不期而至做好准备。足额的财务战略储备是最简单和直白的道理，正所谓"深挖洞，广积粮"。而且从经营战略分析，企业所有杠杆都是激进策略的表现，财务战略储备正是激进策略中必备的"刹车装置"；这个装置的"质量"越高，企业杠杆化就可以越高。总之，建立财务战略储备理念与制度是危机管理观和杠杆风险意识的最好体现，足额的储备是屏蔽杠杆风险非常有利的一项财务安排。

从高杠杆化时代走向"去杠杆化"时代，是从一个极端走向另一个极端，"去杠杆化"只是目前的应急措施，过高与过低的杠杆都会带来灾难性的后果。我们应当认识到杠杆化对于企业的生存是必不可缺的，关键是要着力于提炼属于企业自己的"杠杆化"生存法则。

（根据原载于2009年《财务与会计（理财版）》第8期同名文章改写）

善用"衍生品",提升驾驭不确定性的能力

1. 惶恐的现实:衍生金融品=金融危机、企业巨亏的魔障

在全球追根溯源反思这次金融危机时,各类衍生品又不可避免的被牵扯其中,所有的金融创新在惊心动魄的危机中再次被推上了"审判席"。这种指责不仅针对较为复杂的债务抵押债券(CDO)、信贷违约掉期(CDS)或者是更为复杂的波动互换(Cvolatility)产品,就连比较传统的套期保值业务也"难逃一劫",被指为金融危机的导火线。

就中国企业而言,较早让资本市场关注到场外金融衍生品危害的大概可算是深南电的对赌事件。2008年下半年以来,中国远洋、东方航空、中国国航等中央企业的金融衍生品业务相继爆出巨额亏损。例如,中国国航2008年年底的燃油套期保值合约公允价值损失已扩大到68亿元。与深南电相比,这些央企2008年在金融衍生品市场上交的"学费"贵了许多。对此,国资委坦承"少数企业对金融衍生工具的杠杆性、复杂性和风险性认识不足,存在侥幸和投机心理,贸然使用复杂的场外衍生产品,违规建仓,风险失控,产生巨额浮亏,严重危及企业持续经营和国有资产安全,造成不良影响"。

这些惶恐的事实似乎让我们彻底忘记了导入衍生金融工具的初衷正是为了满足人们的避险需求,更否定了正是由于市场上有了各式各样的金融衍生产品,国际金融市场才能在很长一段时间内健康发展,企业也才可能用较低的成本来获取更大的收益这一结

论。当然，随着投机利益的不断诱惑，我们在使用金融衍生品的过程中已逐渐偏离风险控制的主线，使这些衍生品不仅没有守住防范风险这条底线，成为实体企业屏蔽风险的保护伞，反而成为巨亏的魔障、豪赌的介质。过度的金融创新招致更具破坏性的金融危机，使得包括套期保值在内的金融衍生品从光鲜亮丽的避险工具沦落至为人唾弃的"利润杀手"。

本文通过对上海电气外汇收付套期保值业务的讨论，阐明我们不能对所有衍生金融工具因噎废食。其实，企业陷入套保业务带来的亏损泥潭"乃战不善，而非兵不利也"！

2. 危机当下的出击：上海电气近期外汇收付套期保值案例

上海电气于2009年2月25日在港交所和上交所发布公告，称经董事会审议同意，公司将与汇丰银行（中国）有限公司开展外汇收付套期保值业务，以此降低公司海外日常业务的汇率风险。在公告中，上海电气对此次业务的授信额度、交易币种、会计处理方法以及风险控制措施做出了具体说明：外汇收付套期保值业务的授信额度不高于2.5亿美元，涉及的外币币种主要为美元和欧元；在会计处理上作为衍生工具划分为交易性金融资产或金融负债，于资产负债表日将其公允价值变动形成的利得或损失计入当期损益；同时，承诺公司不会进行外汇远期以外的其他套保交易，严格控制公司及下属单位开展其业务的授权审批，并保证对外汇市场的跟踪分析，以实现控制风险的目的。

在多家国企投资金融衍生品挫败连连之际，上海电气为配合实体业务需要的套期保值也难免会让对"套保"倍感脆弱的投资者惶恐难安。故有评论称"上海电气逆势杀入套保市场"，大有赞其勇气可嘉之意，也有评论称其为"铤而走险"。本文中，我们将对其进行深度分析。

3. 案例评说：上海电气对套期保值的"善用"

(1) 交易动机：套保还是投机？

近期在套期保值业务上相继失手的中信泰富、深南电等都遭遇质疑：它们使用衍生品交易的真正原因是利益诱惑下的投机，并非对冲风险。这不禁让我们回想起当年中航油在场外交易中折戟沉沙的教训。中航油从2003年10月起一直从事看涨期权空头和看跌期权的多头交易，其中卖出看涨期权占绝大部分。这与其所应采取的套期保值方向相反；且两头敞口，更加大了公司风险。从其本身的交易动机来看，中航油已经不是在从事套期保值，而是投机。也因为如此，当后来市场的走向与预期相悖时才会导致5.5亿美元的巨亏，将公司拖入破产保护的境地。分析近年来几家因"套期保值业务"而蒙受亏损的大型国企，在金融衍生品交易上其实都难脱投机获利的主导心理。

上海电气董秘办人士在公告发布日称"上海电气董事会开展套期保值业务的决定是随着公司经营规模的逐步扩大和海外业务量的不断增加，以及基于未来海外业务的拓展而做出的，也是公司今后的一个业务常态"。如果此话能够"言行一致"，那么上海电气以实体业务为依托的套期保值确实能规避未来外汇市场的不确定性风险，虽然未必获利，但确是企业锁定成本、控制风险的有力举措。

(2) 交易头寸：匹配还是超额？

虽然在进行套期保值时，对宏观形势的把握难免有失精准，但如果企业本身没有参与超额套保，即便对价格走势方向判断失误，风险也不会特别大。而当期权交易远超过套期保值的需要时，企业交易行为多被界定为博弈投机。中信泰富的期权交易就遭到了类似的质疑：中信泰富的最大仓位超过90亿澳元，远超过其本身约 30 亿澳元的需求，掺入了数倍的投机成分，使其"套保"显得不那么"纯洁"了。

此次上海电气的套期保值业务，如果对美元、欧元的波动趋势判断失误，同样会蒙受损失。但是，第一，上海电气公司称其将来进行的套保业务量将"完全建立在公司海外业务拓展程度的基础上，并建立一套严格的风险控制措施，降低风险"，这一保证能够降低企业从事超额套保的可能性，以合同为基准的套保业务能够锁定成本，规避价格波动带来的不确定性。第二，上海电气资产财务部专设外汇分析管理团队，每周对外汇市场进行跟踪分析，并及时将市场信息反馈给公司管理层及董事会，以帮助公司对外汇市场的走势做出正确的判断（当然我们也不要忘记当年的中航油内部也有这样十分完备的风险控制方面的规章制度）。

4. 操作启示：着力提升善用衍生金融工具的技能与环境

在对金融衍生品市场的一片唱衰中上海电气甘冒大不韪毅然昂首挺进套保市场，确实胆识过人。金融衍生品在一连串国企错误的投机亏损中被妖魔化了，套期保值的积极意义在叫骂声中也似乎渐行渐远。其实，正确使用金融衍生品进行套期保值确实能够为企业锁定成本、消除不确定性风险，这是现代企业风险控制所倡导的。因为害怕企业在套期保值业务中误入投机的歧途而彻底放弃各类金融衍生品交易绝非明智之举。

对此，国资委发布《关于进一步加强中央企业金融衍生业务监管的通知》，通知要求：① 对中央企业从事金融衍生业务必须有效管控风险，不得从事任何形式的投机交易。② 资产负债率高、经营严重亏损、现金流紧张的企业不得开展金融衍生业务。③ 央企应当选择与主业经营密切相关、符合套期会计处理要求的简单衍生产品，不得超越规定经营范围，不得从事风险及定价难以认知的复杂业务。④从事金融衍生业务的央企，其持仓规模应当与现货及资金实力相适应，持仓规模不得超过同期保值范围现货的90%；以前年度金融衍生业务出现过严重亏损或新开展的企业，两年内持仓规模不得超过同期保值范围现货的50%。⑤企业持仓时间一般不得超过12个月或现货合同规定的时间，不得盲目从事长期业务或展期。不得以个人名义（或个人账户）开展金融衍生业务。我们认为这份文件的基调是理性的，条文很具有实操性，不仅可以指引央企，对于非央企也具有直接的"使用价值"。

面对不确定性的企业环境，基于上述案例与政策指引，应着力提升善用衍生金融工具的技能和市场环境：

（1）企业应谨慎选择套保工具，杜绝投机行为。很多企业深陷"套保"泥潭并非金融衍生品本身的过错，而是错误利用衍生品市场投机的恶果。我们仍要继续鼓励现货企业理性参与衍生品市场的套保交易，套期保值对现货企业控制风险绝对有正面、积极的意义。然而，禁作投机，这是现货企业使用衍生品市场必须恪守的"高压线"，任何时候都不应违背。必须明确，企业盈利的主要来源是现货生产和经营，而绝非在衍生品市场中赌博。当然，衍生品市场的确需要投机者为现货企业承担风险，投机者在衍生品市场也要不断进行投机炒作以获取利润，但这绝对不是现货企业的选择，国有企业尤其不能投机。

（2）着力健全企业有效的风险内控体系。虽然金融衍生工具具有风险巨大的内在特性，但是多家国企投身金融衍生品交易巨亏却不能归咎于金融衍生工具本身。因为如果公司资本债务责任和投资套利行为得不到约束，在高额投资利润的诱惑下企业内部经理人必然去做杠杆买卖和投机套利等高风险业务。这次危机也宣告像美国社会这样单靠市场约束经理人的机制失灵。前述的我国一批因衍生品而导致企业巨亏的事实也表明，包括国资委监督在内的外部监管虽然可以弥补市场监督的缺陷，但不能事前并从根本上扼制内部人不顾风险追求利润的冲动。何况，对于危机与巨亏的发生，外部监管总是滞后的。所以重筑公司内部"防火墙"是应对金融危机、防范衍生品风险的根本，这就需要着力建立有效制衡、清晰授权、信息沟通、及时止损机制的内控与风险体系。

（3）我国应尽快发展场内衍生品交易。至今国内期货市场尚未成熟，目前国内四家期货交易所仅有19个品种，且主要集中于农产品、有色金属和工业品。在上述一系列套保案中，由于国内没有外汇和原油的期货品种，选择陌生的境外衍生品市场也是中国企业面对现实的无奈之举。发展场内衍生品交易，把衍生品交易的规则制定权掌握在自己手里，让国内外的交易商按照我们制定的规则来参与游戏，从而发展既符合中国国情又与国际接轨的期货市场，同时为国内相关企业提供一个在中国法律严格监管之下的衍生金融工具是当务之急。

（根据原载于2009年《财务与会计（理财版）》第6期同名文章改写）

三、战略财务的落地

导入"压力测试"与企业的风险"体检"机制

1. 中外金融企业压力测试制度及实施介绍

压力测试（stress testing）是金融企业衡量它们对于异常事件的潜在抗风险能力的工具。例如，假设利率骤升100个基本点，某一货币突然贬值30%，股价暴跌20%等，测试该金融机构或资产组合在这些关键市场变量突变的压力下的表现状况，看是否经受得起这种市场的突变。压力测试主要分为两种方法：（1）情景压力测试。这种方法分析多个风险因素（比如股权价格、汇率、利率）同时发生变化，以及某些极端不利事件发生对金融企业风险暴露和承受风险能力的影响。情景压力测试可以基于过去经历过的市场重大事件（历史情景），或者基于将来可能发生但还没有发生的市场事件（假设情景）。（2）敏感性压力测试。它旨在测量单个重要风险因素或少数几项关系密切的因素变动对金融企业风险暴露和承受风险能力的影响。通常它包括对称的变动（向上或向下），而不像情景压力测试中那样仅关注某一市场风险因子的单向变化（向上或向下）。

当今金融企业采用的风险度量模型 VaR 往往是用来评估95%或99%的置信水平上的最大损失，但是剩余的、被忽略的5%或1%则可能造成毁灭性的后果。这5%或1%可能发生的事情在统计学上被视为外生变量，这些事件的发生是以小概率事件的名义被模型忽略的，而压力测试正是传统风险度量模型的一个很好的补充。

全球主要金融企业压力测试的使用越来越普遍，而且体系也越来越完善。最主要的压力测试因子为：股权价格、利率、新兴市场和信贷扩张（流动性扩张），也有一些压力测试是聚焦于商品及其相关风险因子或者期权市场压力。尤其在这次金融危机中压力测试已经在西方各国的金融机构尤其是商业银行中全面、深度地展开。

我国银监会在2007年12月也印发了《商业银行压力测试指引》，其中：（1）针对信用风险可以采取的压力情景包括但不局限于以下内容：国内及国际主要经济体宏观经济出现衰退；房地产价格出现较大幅度向下波动；贷款质量恶化；授信较为集中的企业和同业交易对手出现支付困难；其他对银行信用风险带来重大影响的情况。（2）针对市场风险的压力测试情景包括但不局限于以下内容：市场上资产价格出现不利变动；主要货币汇率出现大的变化；利率重新定价缺口突然加大；基准利率出现不利于银行的情况；收益率曲线出现不利于银行的移动，以及附带期权工具的资产负债其期权集中行使可能为银行带来损失等。

可以肯定，金融企业的实践表明压力测试既能够帮助政府、监管机构充分了解单家银行和银行体系的风险状况和风险抵御能力，也能帮助商业银行自身充分了解潜在风险因素与银行财务状况之间的关系，深入分析银行抵御风险的能力，形成供董事会和管理层讨论并决定实施的应对措施，预防极端事件可能对银行带来的冲击。

2. 全面风险管理 ERM 的"短板"与压力测试的"长处"

这种压力测试机制能否推广到工商企业中呢？答案是肯定的，压力测试作为一种风险监测机制具有很多值得肯定和借鉴之处：

（1）奉行"用数字说话"。压力测试是以数据为基础的，所有的假设波动都来自于现有数据向上或向下的波动。与ERM框架相比，压力测试的结果更具有可信性和直观性。通过具体的参数对比，压力测试可以为决策者提供具体的风险规避方案，尤其是显示出最差情形的情况下企业所能承受的压力底线。这一"数据化"的分析在金融危机席卷全球的今天对企业管理者的决策不可或缺。本文强调应该把"用数据说话"作为以一种制度理念融入风险分析、过程监管、业绩管理等各个层次和每个环节。尽管把公司战略、风险管理中每个关键的因素、重要的问题、特殊的情况一律要求"用数据说话"、"用数字表达"有时是十分困难的，但是"唯有数据才是唯一的、客观的商业沟通上最为便利的语言"。

（2）制度的工具化。压力测试是一个体系，依据不同的参数和数据指标，可以衍生出不同的压力测试系统。相对于仅仅有方向性、框架上指导意义的ERM来说，压力测试系统对于企业来说将更加有吸引力。一套有效的压力测试系统，应该可以通过软件的编程设计轻松实现，具有极强的操作性。

（3）综合性压力测试强调多个风险因素（比如股权价格、汇率、利率）同时发生变化以及某些极端不利事件发生对企业的影响，与现实情况更为类似，而ERM则是特别关注个别分析。另外，传统的财务分析往往基于单一的财务比率，有时也基于多个财务比率综合分析，但是这种分析的一大缺陷在于：通过和行业相应比率的比较，仅仅能判断出自身指标的偏高或偏低，而无法进行临界分析。也就是说，这样的分析不能基于企业自身的财务目标和承受能力。如果一切都以全行业的平均财务比率为基准，在全行业业绩普遍下滑的今天，企业的决策也会出现重大失误。与此相比，压力测试系统不仅能够提供企业所能承受的最大亏损边界，而且通过列联表分析多个比率对于某一特定比率的综合性影响，最大限度地预测各种风险可能给企业带来的总体损失。企业决策者通过压力测试可以了解企业承受损失的能力，把握风险扩散的途径，及时找到应对风险的良策。

（4）及时动态性。压力测试的另一优点是其动态性。众所周知，财务报告上的数字都是时刻变化的。传统的财务分析框架一般都是静态分析，其结果很可能因为外部因素的突然改变而失去决策效力。通过压力测试可以有效地避免这样的缺点，通过计算机程序可以将财务报表的有关项目挂钩，甚至可以对一些重要的比率设定警戒线，当比率突破警戒水平时进行及时预警。因此，工商企业非常有必要学习、导入这种压力测试，构造其风险"体检"工具，夯实风险预警防控机制。

3. 工商企业如何制度化的导入压力测试？

本文积极倡导工商企业导入"压力测试"，那么如何导入呢？从实施层面上我们的主张是：

压力测试首先必须构造企业的风险预警模型，这是风险识别的起点。借鉴金融企业的压力测试原理，依据上述分析，这个模型必须符合：（1）定义明确、取数便捷。（2）与企业风险紧密相关。企业风险预警致力于企业生存问题而不是发展问题，而生存的条件有二：一是能够以收抵支，二是能够偿还到期债务。故风险问题归根结底是"现金"而不是会计利润。（3）多变量、立体评判企业。能够综合企业商业经营、投资战略、财务融资的核心问题，全面考察战略节奏与运营效率。（4）能够彰显企业股东、高管人员、员工甚至债权人在企业风险形成与管理中各自的能力与责任。当然企业风险问题首先是企业决策层的运筹帷幄，并非执行层的具体合规性问题。（5）关注企业"继往开来"或"持续经营"，不仅考察企业过去和现在的经营表现，更要把握企业未来的创现能力。可以肯定地说，目前财务上推崇的风险识别指标，如资产负债率、流动比率等都存在"清算假设"的前提，局限性十分明显。由此本文特别推崇以自由现金流（FCF）作为企业风险预警测试模型。依照财务理论：

企业自由现金流＝股权自由现金流＋债权自由现金流＝（经营净现金流EBITDA＋营运资本节约＋资产剥离产生的现金－研发投入必要资本支出）＋（新增的现金债务－偿还的债务本息）

毫无疑问，负的FCF是风险的根源，而正的FCF则是持续经营的前提。正的FCF衡量了公司未来的成长机会，自由现金流越多，意味着公司用于再生产、再投资、偿债、发放红利等活动的能力就越强，未来的发展趋势可能就越好。有了充足的现金，企业才能在危机来临时灵活应战，要么进行战略性防守，要么在经济周期的低谷反周期投资。

而基于FCF的压力测试系统可以根据FCF的组成部分分为四个模块：EBITDA、营运资本、长期投资和外部融资（尤其是负债融资）。企业可以依据影响这四个方面的情景对自身的经营状况进行情景测试，分别预测每种情景对于这四方面的影响。另外，还可以对这四个量化的指标进行敏感性测试，分析这些指标的波动情况是否在企业的风险承受范围之内。

该风险预警、压力测试模型在使用上应该注意：

（1）兼顾外部商业环境、资本市场的变化和企业内部决策与运营对风险的复杂影响。前述金融机构的压力测试尤其是情景压力测试太多关注考察外部因素的"不利情况"，工商企业的压力测试应该是内外兼顾，尤其是不同战略决策下企业自身的风险程度测试。

（2）设置多层测试标准。这是指具体测试指标偏离差异的分析基准。企业应该多层设置：① 底线标准，如自由现金流为零值。

② 目标（预算）值。这一点倒可以直接引入 COSO 的 ERM 中对风险的表述，即"对企业的目标产生负面影响的事件发生的可能性"（将产生正面影响的事件视为机会）。多层测试标准的同时使用会形成立体、多层的压力测试结果。

（3）把压力测试系统纳入企业 ERP 系统。通过 ERP 系统进行编程非常容易实现，充分利用 ERP 系统可以更有效率地实现压力测试。通过不同指标的列联表格可以看出各个指标的波动对于自由现金流的综合影响，同时也可以显示出企业最高的风险承受能力。比如，EBITDA、营运资本、长期投资和外部融资分别变动 10%，然后根据实际情况赋予不同指标发生恶性变动的概率，计算它们对于自由现金流的影响值，再计算 VaR_{FCF}（这个值是针对自由现金流而言的），就可以得出企业资金链的自由现金流部分面临的最大风险值。

（4）完善风险处理机制，确保压力测试结果的决策"相关性"。务必实现企业适时监测、适时反馈、适时调整，扎实建立以风险预警为平台的企业风险管理系统。在进行项目投资时，应该考虑的不能仅仅是 NPV 或是投资回报率，更多的应该是考虑资金链的连续性，以及资金链在多大程度上面临断裂的风险。例如，利用基于 FCF 的压力测试系统可以通过计算机系统，实时跟踪项目的进展情况以及预测出资金链断裂的风险，企业便可根据风险评估系统的结果有效地进行相关的决策。

（根据原载于 2009 年《财务与会计（理财版）》第 7 期"导入'压力测试'，构造工商企业的风险'体检'机制"文章改写）

在不确定性环境中企业如何做战略计划与预算?

针对变化多端的外部经营环境,企业的战略计划与预算体系如何设计并有效运作,这个问题极具挑战性。我和我的研究生们阅读了发表在国际顶级期刊 *Strategic Management Journal*(《战略管理杂志》)2003 年第 24 卷上由美国乔治敦大学罗伯特·格兰特所写的一篇多案例研究文章,感受良多。尽管这篇案例分析的内容主要是 20 世纪末期的情形,但是案例分析彰显的基本原理对当今中国公司应对不确定性经济环境、再造企业的计划与预算体系很有裨益。

这篇文章讨论的八大国际石油巨头包括埃克森、美孚、壳牌、英国石油、德士古、埃尔夫-阿基坦、埃尼和阿莫科。这些样本公司在经营和市场上具有以下共性:(1)是世界上最大的工业公司。(2)外部环境极为复杂多变,很具时代性。它们在经营战略上呈现垂直一体化、多元化和多国经营的特点,不同部门间联系密切,使得内部如何协调问题突出。(3)在战略计划方面一直处在领先地位,它们率先设立了计划部门,并综合运用了经济预测、风险分析、投资组合计划和情景分析。

1. 共性:各大石油公司拥有的"通用性"战略计划循环体系

八大公司都在围绕年度计划循环,致力于建立一种正式的、固化的战略计划流程。归纳总结,这些公司似乎拥有"通用"的战略计划循环体系。这些公司共有的战略计划过程的主要阶段如下：

第一，公司总部提出的年度计划指导原则。年度计划循环的出发点是由公司总部制定的计划指导原则和计划假设的通告，这个通告会在制定业务层面的战略计划时使用。这些指导原则和假设包含两个主要的部分：① 外部环境的假设。一般包括在计划期内，关于能源市场的一些特征的指导——需求、供应、价格以及（成本与售价的）差额。总部提出一系列计划假设是公司内部战略计划的共同基础。② 企业制定优先事项、指导原则和业绩期望的报告，这属于战略计划的基本方向。该方向的主要内容就是设定公司宽泛的绩效目标（比如，"把资本的投资回报率提高到12%"、"把每桶的成本降低10%"、"110%的储备周转率"等）。

第二，各业务单元起草业务计划草案。这些公司的战略计划都是自下而上的，各个业务单元首先提出各自的战略计划草案。

第三，与公司总部进行讨论。各业务单元把战略计划草案提交给公司总部。在经过公司计划人员最初的分析之后，总部资深高管和分区域高管会举行一次会议。这种面对面的会议一般持续2个小时或者整整一天，他们会讨论公司战略的合理性、这些战略所隐含的业绩要求、部门目标与公司目标的一致性等问题。

第四，修正的各业务单元的业务计划。业务计划草案通过讨论被修正。

第五，年度资本和经营预算。战略计划的过程与年度预算过程紧密相关。尽管年度预算是由控制部门协调和管理的，但是前一年的战略计划一般会为下一年的资本支出预算和经营预算提供依据。

第六，公司年度计划。企业计划是各个业务计划的汇总，这项汇总工作主要由公司总部的战略计划部门来完成。

第七，董事会批准。战略计划形成的最后程序是由董事会批准公司总体和各业务计划。

第八，绩效指标。从公司层面和业务层面的计划中提取出有限数量的关键财务和战略指标，这些指标提供了业绩控制和评价的依据。这个绩效指标和整个计划周期相关，它更加强调来年的目标。

第九，业绩评价。该业绩目标提供了在企业级别上评估业务绩效的依据。除了持续的业绩监控，另一个关键的手段是公司高层管理团队和部门的高级管理人员之间进行的年度会议，会议的内容是讨论当年的业绩。

对于那些财务年度和日历年度周期一致的公司，战略计划的周期开始于春季，公司和业务计划最终在每年的11月或12月通过，业绩的回顾在第二年年初进行。

2. 权变：各石油公司战略计划系统的重大变化

在过去的几十年间，战略计划系统的基本框架（计划周期和关键步骤）是稳定一致的，但是在具体计划过程、制定战略的职责、战略内容、计划的作用方面变化很大。主要变化体现在：

第一，计划过程日益非正式化。公司计划不再强调正式的书面文件和投影演示，特别强调开放性的讨论（比如英国石油公司和阿莫科要求在陈述战略时，减少图表和幻灯片的使用）。这种开放式的讨论一般在公司总部高管和业务部门管理层之间进行，采用会议的形式面对面地口头讨论。这使以往固定的、标准的计划循环越来越灵活，一些公司（比如阿莫科和壳牌）还允许所属各业务单元的管理者在需要时变更战略计划或者制定新的业务战略。

第二，战略计划的制定程序从自上而下改为自下而上。改变了传统的自上而下的战略制定模式，而采用自下而上的方式，强调分权以更好地适应多变的环境。这主要体现在两个方面：一是公司的战略制定权由公司总部管理层转到各部门和各业务单元管理层；二是战略制定人员由以前的战略计划专员转为一线经理。在战略计划制定过程中，公司只提供关于未来的多种提示和预测，为部门指明战略的方向。当然，公司总部敢于放权的制度保障是"业绩目标"和"业绩考评"。各部门负责具体战略的制定，同时也为其业绩全面负责，其中财务预算的制定和反馈评价起着重要作用。

第三，战略计划的内容发生变化。战略计划内容的变化主要体现在：（1）计划的时间跨度不断缩减，越来越强调中短期计划。当然，产业链上下游也是有差别的，上游仍然是以10—20年的产期计划为主，但下游明显偏向于中短期计划。（2）计划内容从详细计划转向战略方向。在20世纪90年代，所有公司都减少了在准确预测未来方面的努力，不再强调对未来的情形做出准确判断和预估，取而代之的是采用多情景预测分析的方式，只对未来的关键变量做出假设，在此基础上指明战略方向。（3）在战略中越来越强调绩效计划和目标指标。这些指标主要包括：① 财务目标（首要目标），主要集中在总利润（特别是在净利润和经营利润上，也有强调经济利润的，比如EVA的情况）和盈利比率上（最常用的是投资资本的回报率）；② 经营目标，如上游目标包括生产、油井开钻、租赁协议等，下游目标包括吞吐量、产能利用率、存货等；③ 安全和环境目标；④ 战略里程表，是一个衡量战略执行情况的中期考核指标，比如期中是否达到了规定的成本降低目标或者是否成功引入新的产品等；⑤ 资本开支限额。在以上各指标中最重要的当属财务目标，而且企业在进行竞争力分析、资源和能力分析、业绩分析时，所使用的工具和技术都是财务性质的。

此外，所有公司都会根据业务部门提交的月度业绩报告，以财务数据为主线，对绩效进行评价。年度的绩效考核则会在第二年年初,通过总部有关部门和业务管理层面对面地以会议形式进行。

第四,战略计划的作用发生变化。主要体现在:(1)公司战略计划为制定战略决策提供情景。战略计划不再是战略决策形成的首要途径,但是公司战略计划却能提供决策所需要的情景,包括为制定决策提供所需要的技术和方法,以及提供交流和知识分享的平台。(2)战略计划作为一种协调机制。多部门公司的业绩依赖于部门间的协调,但是协调作用的重要程度因公司而异。企业经营越分权,战略的协调作用越重要。(3)战略计划作为一种控制机制。增强对日益壮大的公司的控制能力是企业制定战略的一个主要原因。预算系统作为短期的控制工具,与作为中长期控制工具的战略计划相互补充。

3. 案例启示

我们认为对于处于不确定外部环境和越来越崇尚"战略计划、全面预算或绩效管理"的中国企业来说,这篇案例启示良多,既有理念上,也有流程设计和具体技术上的。

第一,理念的整合:整合战略计划与预算制度的"理性设计"和"突发过程"两种理念。

在企业的计划与预算制度设计上有两大理念:一是"理性设计"理念,认为战略计划与年度预算是一个自上而下管理体制的产物,这是假定公司高管"有水平、有能力"果断地预测未来、制定理性的战略计划及其有效全面预算,强调各部门下属业务单位对计划与预算的不折不扣落实与执行,计划与预算的"刚性"特征明显;二是"突发过程"理念,这种理念战略是对环境变化即时反应的结果,由于外部环境的动荡、战略目标的不确定性和内部信息不对称等原因,企业计划与预算指标很难果断、理性和准确,强调企业计划与预算确定不可能是"一年一次",只能反复沟通并强调自下而上的计划与预算的过程。在这个过程当中,虽然八个石油公司战略的最终决策权仍在公司高层,但其战略计划已不再是纯粹的自上而下,而是一个以自上而下为主导、上下结合的计划过程。它重视自下而上,通过部门间反复沟通,能迅速对环境变化做出反应,增加战略执行力;同时,突出战略计划预算的宏观性,保证总部在战略问题上的领导力。

第二,概念的变化:"大计划"与"小预算"的融合。

从概念层面上讲,计划属于"规划"范畴,其制度刚性较弱;而预算更偏重于"人格化的计划",与"责任"相关,刚性很强。按照这个通行概念,案例中的公司都是一套"大计划"与"小预算"配合的制度体系。这样公司中很多个"小预算"就像一个个小齿轮,在公司大计划的牵引下有机地契合在一起。这有别于现行的不少中国企业。中国企业往往存在以下问题:(1)重预算轻计划。中国企业一般比较关注年度预算,中长期计划比较空泛,或者主要用于对外宣传,这样的计划对预算的约束力很弱。(2)不少企业的战略、计划与预算缺乏有效衔接,战略与计划工作是企业战略规划部门的责任,预算往往由财务部门全权负责,二者彼此割裂,其结果是企业计划缺乏高质量的财务信息支撑,年度预算又缺乏长期计划的引导。上述案例通过远近结合、动态掌控、滚动编制、上下互动、跨部门衔接,确保战略、计划、预算和绩效考核的流程闭环管理,确保有效地衔接体系。

所以,企业高层需要统筹规划部门和财务部门的责任,使计划与预算能够有效连接:在战略问题上统揽全局,通过总公司的"大计划"指导预算的编制;在具体执行和反馈上,强调各单位的独立自主,提高计划执行的灵活性,其实业绩考核上突出"财务目标"的达成也就确保了战略目标的刚性。

第三，内容的充实：通过多情景分析把不确定性纳入计划与预算内容。

面对动荡的环境和不确定的未来，如何制定企业计划与预算战略？从案例公司分析，建立多情景计划是一个良策。多情景计划放弃了单一、固化的计划情形，设想出未来可能出现的多种情形，分析各种情形下企业经营所面临的新机遇和威胁、战略计划选择的范围、企业理应采取的不同策略，以及在不同情景下各项计划的财务结果，并相应地采取备选的预算与业绩目标。正如壳牌战略计划的前负责人所说："有效的多情景计划的目的并不是改变计划本身，只是克服以简单、主观臆断的态度应对不确定性，并改变计划制定者固有的、僵化的思维定式。"多情景计划作为一种改进的计划手段，提高了计划的科学性和有效性。

第四，流程的分权化：计划与预算编制的权利下放与非正式化过程。

在石油巨头们的战略计划演进当中，战略计划的形成路径发生了变化，在具体的战略制定中，先由各个子公司对其利润、增长以及战略进行评估，编制预算，然后汇总至总公司，总公司将它们与宏观经济环境相结合，把这些信息整合成公司的大计划。大计划制定之后，依托强大的计划跟进系统，将计划和预算的制定、执行黏合在一起，而各个子公司按月制定预算，并定期将子公司的运营报告汇总至总部，描述近期的前景，并对以后几个季度和整个财年的预期及时更新。在这个过程中，战略计划与预算的执行监控越来越非正式化和分权化，这就成为应对不确定性环境最为有效的计划流程制度安排。

（根据原载于2010年《财务与会计》第4期"不确定性环境中的战略计划与预算"文章改写）

短贷为什么也可以长投？

从理论上分析，营运资本是指企业流动资产减去流动负债后的余额。如果流动资产等于流动负债，即营运资本为零，表明占用在流动资产上的资金全部由流动负债融资；如果流动资产大于流动负债，营运资本为正值，则与此相对应的"净流动资产"要以长期负债或所有者权益的一定份额为其资金来源；反之，若流动资产小于流动负债，此时营运资本为负值，说明企业将流动负债投资到长期资产中，一般而言财务风险较高。

与营运资本密切相关的概念是流动比率，它是流动资产与流动负债的比值，有财务常识的人都会熟知该指标通常有大于1.5倍或2倍的数值要求，这是基于流动性和偿债能力的安排。如果从资金融资规划分析，这个2倍比率的要求实质就是短期负债融资必须全部投资于流动资产，而且有二分之一的流动资产资金需求应该由长期融资解决。换言之，企业随时做好了以流动资产打五折的安排以应对流动负债的支付压力，这种固化的比率要求是财务稳健的标志。由此构筑起了一道"长江防线"：无论如何公司都不能以长期资产来抵偿流动负债。一旦企业"落魄"到只能以变卖长期资产去应对流动性压力，谁都知道企业结局将如何。这些要求概括为实务上的财务要求就是"短贷不能长投"。

当然，上面仅仅是一般性的理论分析。对个案而言，这样的结论就可能显得偏颇，过于武断和片面。高营运资本或2倍流动比率要求，只是在"形式"上通过"堆积"较多的流动资产构筑财务风险防火墙,其"实质"上的偿债能力完全取决于现金储备、流动资产质量、资金周转速度以及流动负债的债务弹性等。传统的、整齐划一的流动性比率要求还屏蔽了公司通过加速资金周转、调整资产结构、优化短期融资方式以获取额外财务收益的可能性。对此我们必须解放思想,大胆进行财务创新。这些年不少国内外公司都奉行"零营运资本"财务策略就是这种财务创新的体现。很显然,"零营运资本"并非不顾风险去获取财务收益,而是通过提高运营质量、资金周转速度达到既抵御风险又改善效率的"双丰收"。

我们通过国美、苏宁案例,分析企业资金运作中流动性规划的关键控制要领。

1. 奇异的资金结构与财务绩效:"五低"与"五高"并存现象

我们先熟悉一下国美、苏宁这两家民营电器连锁经销商的近年财务报表数据。下面的资料摘自国美电器(493HK)和苏宁电器(002024SH)2005—2007 年三年的年度财务报告:

	国美电器(亿元)			苏宁电器(亿元)		
	2007 年	2006 年	2005 年	2007 年	2006 年	2005 年
营业收入	425	247	180	402	262	169
毛利率	9.6%	9.5%	8.9%	14%	10%	9.7%
其他业务收入占利润总额%	167%	117%	85%		113%	166%
利息收支净额	2.3	0.6	0.7	0.9	0.2	0.06
净利润	11.7	9.4	4.98	15	8	3.5
货币资金	129	89	42	74.6	33.4	7
应收与预付款	23	14	13	11.3	11.1	9.8
存货	53.8	48.8	27.2	45.5	34	20
流动资产	223	155	84	136	81	38.6
银行借款	3	7.3	0	1.4	2.76	0.8
应付款	155	139	68.5	97	49	27.7

(续表)

	国美电器（亿元）			苏宁电器（亿元）		
	2007年	2006年	2005年	2007年	2006年	2005年
流动负债	162	150	75	114	55	31
总资产	298	212	93.7	162	88	43.3
有息负债率	1%	3.4%	0	0.8%	3%	1.8%
资产负债率	65%	75%	80%	70%	63%	71%

上述两家上市企业的报表数据是趋势的、动态的，但是我们很容易从中归纳出相对固化的"五高与五低"并存的有趣现象，即：

高	低
货币资金储备高	净现金需求低
应付款应付票据高	银行借款低
资产负债率高	流动比率低
利息收入高	利息支出低
其他业务收入高	毛利率较低

这种报表结构与数据特征是公司盈利模式、资金营运方式使然：通过收取供应商巨额的进场费、广告费、促销费、租赁费等形成的"其他业务收入"，不仅使"其他业务利润/税前利润"均超过100%、造成主营业务利润不怎么"主"的现象，也使供应商以"预收款"等方式为公司提供了免费的现金来源。当然两家公司主要的资金来源是延迟支付给供应商的货款"应付款"和"应付票据"，正是这笔应付未付款产生的长期现金沉淀使得公司获得稳定的正的"利息收支差额"，同时构成利润总额的重要支撑之一。这种流动性运作方式和财务指标安排既挑战着传统的财务判断结论，又扬弃了财务风险控制的思维路径。

2."负净现金需求"和"负现金周转期"是集"高收益与高风险"为一体的资金策略

在财务流动性概念中，还有一个"净现金需求"概念，这并不是一般意义上的流动资金需求，而是生产经营上存货、应收款等流动资产占用资金用流动负债（采用应付款等途径筹集，而非短期借款）满足后，仍然不足而需要企业另行筹集的那部分现金需求。这衡量了企业生产经营过程中的资金占用（流动资产的部分项目）与生产经营过程中的资金来源（结算性流动负债的部分项目）的差额。决定企业生产经营过程现金需求的因素主要有：存货（包括原材料、在产品、产成品等）、预付购货款、应收款。而决定生产经营过程结算性资金来源的因素有：预收货款、应付票据、应付款等。其计算用公式表示为：

净现金需求＝存货＋预付购货款＋应收账款－预收款－应付账款－应付票据

根据国美、苏宁的财务报表计算，两家的"净现金需求"均为负数，表明公司占用供应商的资金超过公司在存货和应收账款上被"客户"占用的资金，也就是善于利用供应商在货款结算上的商业信用政策，用别人的钱经营自己的事业。

与净现金需求相近的另一个财务概念是"现金周转期"。现金周转期即从支付货款到应收款收到现金的周期。现金周转期越长，企业短期筹资需求量越多。对现金周转期的分析可以帮助我们分析企业营运资本的形成，现金周转期的计算公式如下：

现金周转期＝经营周期－应付账款周转期＝存货周转期＋应收账款周转期－应付账款周转期

再计算国美、苏宁的现金周转期，我们发现，这两家公司占用供应商的资金规模越来越大、时间也越来越长。以国美为例，近80亿元资金被沉淀75天的财务潜在收益十分诱人。本文特别强调，这种诱人的"负现金需求"和"负现金周转期"财务现象并非连锁商业经营企业所独有，像电脑生产经营商戴尔公司、我国一些房地产公司、资源性生产经营企业，还有美的、格力等公司都有类似的财务表现。一句话，无论何种行业或者哪类公司只要有很强的利用供应商或者顾客资金资源的能力，就很容易出现"负现金需求"和"负现金周转期"。

当然，这种财务数据隐含的高风险（易招供应商挤兑）可能是公司财务上唯一的但是绝对致命的风险，也就特别需要多样性、组合化的风险防范策略。

3. 以"五高五低"为主导的风险防控体系下可以适当短贷长投

针对"负现金需求"和"负现金周期"的潜在财务风险，国美和苏宁两个案例公司已经构造了风险防范举措和财务安排，比如：① 较低的银行有息负债率；② 数额充足的现金储备；③ 流动负债比例较高，但长期负债比例较低。高比率的应付款必须有一些"高"（如现金储备）和"低"（如有息负债）来组合、匹配。换言之，上述我归纳的"五高五低并存"的财务现象是一种平滑风险的组合安排。这种组合的理念与技术是值得推崇的，很值得那些"有志"于利用上下游供应商或者顾客资金进行产业规划和经营运作的公司"复制"使用。顺便要说明的是，在阅读上市公司报表时，我很容易在民营企业财务报表上找到类似的组合案例，相对而言，在国企上市公司的报表中很少发现此类案例。

在上述"五高五低并存"等风险防控举措的数据结构条件下，由于国美和苏宁在2007年年底各有129亿元和75亿元的现金储备，应该说够多、够保守的了，在这种条件下拿出10亿元左右的现金进行一些战略投资应该是没有太大的财务压力和流动性风险的。这也就说明财务管理没有绝对的定律！

（根据原载于2008年《财务与会计》（综合版）第11期"运用供应商融资及其风险控制策略"文章改写）

速度支撑盈利：四家家电公司运营能力的案例思考

当今我国市场机制运作较充分、竞争也较为激烈的产业莫过于家电行业。较长时间以来，家电企业一直在喧嚣的价格战中拼杀，而近年来不断上涨的原材料价格又使家电企业的利润空间缩小。金融危机以来，尽管国家出台了一系列宏观调控政策刺激内需，鼓励"家电下乡"、"以旧换新"，为家电企业带来了发展契机，但由于国内有效需求不足的经营环境，家电企业的生存压力并没有得到太大的缓解。当然，在同样的经营环境下，不同家电企业的财务状况与盈利水平差别是比较明显的，原因何在？笔者认为，高效的运营能力和资金周转速度无疑是低毛利空间下企业获利能力的法宝。

本文选取四家公司2007—2009年年报以及2010年半年报作为案例分析的主要依据，通过报表分析解读四家公司的业绩差异之谜，彰显运营效率对于企业盈利的支撑力。笔者认为，"速度支撑盈利"应是超越行业的基本财务规则。

一、四家家电公司的财务数据与分析

1. 相近的销售毛利率水平与迥异的营业利润率

由于本文着重考察四家公司经营业绩的差异和变化趋势，而相较于净利润率指标，营业利润率指标更能反映上市公司的经营状况，故本文以四家公司2007—2009年年报以及2010年半年报数据为基础,计算四家公司的营业利润率、销售毛利率指标。通过计算得出,2007年到2010年上半年,四家公司的销售毛利率大致介于15%至20%之间;除TCL多媒体一直处于较低水平外,其余三家公司的销售毛利率一直处于相近水平,且趋同之势明显。若以四川长虹为基准,2007年海信电器的销售毛利率比四川长虹(16.05%)高出0.47%,深康佳A比四川长虹高出3.85%;2008年海信电器、深康佳A与四川长虹销售毛利率差异缩小至0.28%、1.54%;2009年则为0.54%、0.29%;2010年上半年,三家公司的销售毛利率分别为15.36%、15.62%、15.52%,差异甚微。相近的销售毛利率表明,中国家电企业的经营模式、产品结构和成本水平具有较强的相似性。

但通过计算得出的四家公司的营业利润率却显示了一番截然不同的景象:自2008年起海信电器的营业利润率持续大幅提升至2.87%,深康佳A却直线下跌;考察期内四川长虹的营业利润率跌宕起伏,TCL多媒体的营业利润率从2007年到2009年一直呈上升趋势,表现仅次于海信电器。那么,是什么原因导致了在相近的销售毛利率之下,四家公司的营业利润率却出现了风格迥异的走势呢?笔者从费用管理和运营效率两个角度来解读四家公司经营业绩的差异之谜。

2. 成本费用控制是否就是提升企业经营业绩的关键呢?

长期以来,成本费用控制一直是企业业绩持续改进的主题。对于竞争激烈的家电行业而言,低毛利率天花板下的费用控制显得格外重要。然而费用控制是否就是提升企业经营业绩的关键?期间费用率是否能够主导营业利润率的走势?

有关资料显示:2007—2009年三年间,除TCL多媒体在控制期间费用方面表现较为突出外,海信电器和四川长虹都呈现出上升的趋势,深康佳A则一直维持在较高水平上。结合上文四家公司的营业利润率表现分析得出：一方面，2007年、2008年、2009年成本控制取得明显成效的TCL多媒体，年末营业利润率随着期间费用率的下降得以上升，深康佳A 2009年领先同行的期间费用率也在一定程度上说明了其2009年年末表现最差的0.94%的营业利润率；另一方面，四川长虹期间费用率在三年间持续上升，其营业利润率却先降后升，海信电器的营业利润率与期间费用率同步上升，期间费用率的走势未能主导营业利润率的变化。这就引发了一个问题：海信电器的期间费用率增长较快，为何依旧实现了营业利润率的同步增长？

3. 运营效率：成就王者之业

为了进一步探析海信电器的期间费用率和营业利润率之间同步增长的问题，笔者分析了四家公司的运营效率情况。在营运战略中，笔者以营运资本周转期考察企业的运营效率。营运资本周转期又称现金周转期，即现金周转天数，指从支付货款到收到现金所需要的天数。企业现金周转天数越长，其短期需要筹集的资金量就越多，对现金周转天数的分析可以帮助我们分析企业营运资本的形成，有助于发现企业供应链管理、运营效率上的优势以及薄弱环节，从而提高企业运营的速度和效率。现金周转天数的计算公式如下：

现金周转天数＝应收款周转天数＋存货周转天数－应付款周转天数

为全面综合考察企业的各项运营资本周转效率，本文定义"应收款＝应收账款＋应收票据＋预付账款"，"应付款＝应付账款＋应付票据＋预收账款"。根据四家公司2007—2009年年报及2010年半年报计算得出四家公司运营效率的主要数据如表1所示。

表1　四家公司运营效率主要数据　　单位：天数/年

时间	2007年	2008年	2009年	2010年上半年	2007年	2008年	2009年	2010年上半年
	海信电器				四川长虹			
存货周转天数	55	53	43	52	110	99	100	104
应收款周转天数	48	71	70	71	82	77	77	91
经营周期	103	124	113	123	192	176	177	195
应付款周转天数	58	68	59	59	98	107	111	110
现金周转天数	45	56	54	64	94	69	66	85
	深康佳A				TCL多媒体			
存货周转天数	119	100	103	105	65	52	57	82
应收款周转天数	119	122	116	97	59	76	56	65
经营周期	238	222	219	202	124	128	113	147
应付款周转天数	153	133	138	117	77	67	71	91
现金周转天数	85	89	81	85	47	61	42	56

由表1可以看出：在经营周期方面，海信电器以绝对优势优于同行业的其他三家公司，深康佳A的经营周期虽有微弱改善，但考察期间的数据均高出海信电器1倍左右，四川长虹虽未突破200天的经营周期大关，但也一直在190天上下徘徊。值得一提的是，2010年上半年，TCL多媒体的营业利润率骤降至 -1.41%，除了与上升至17.63%的期间费用率直接相关外，其经营周期由2009年年末的113天上升至2010年上半年的147天，公司运营效率的急剧下降也是公司经营业绩进一步下滑的关键因素。

再来分析深康佳A，其一直位于200天以上的经营周期在很大程度上降低了公司运营效率，使得公司的营业利润持续走低。此外，深康佳A的应付款周转天数是四家公司中最长的，表明深康佳 A 在占用供应商资金规模和时间等方面优于其他三家企业，并缩小了与其他三家公司现金周转天数之间的差距。但是考虑到近年来原材料价格的上涨、与供应商的财务关系，公司利用供应商资源的风险也大大增加。

具体到存货周转效率方面，海信电器一直优于同行业的其他三家公司，2008 年到 2009 年，虽然海信电器的期间费用率由 15.61% 上升至 16.71%，但由于对应的存货周转天数由 53 天下降至 43 天（应收款周转天数分别为 71 天、70 天），存货周转效率的大幅度提升带来了营业利润率的快速增长，其营业利润率由 1.53% 上升至 2.55%。相反，2010 年上半年 TCL 多媒体的存货周转天数由半年前的 57 天上升至 82 天，期间费用率上升了 2.5 个百分点，导致了 TCL 多媒体 2010 年上半年的营业利润率为 -1.41%。

表 2 反映了四家公司存货结构以及流动资产中存货占比情况：2008 年、2009 年海信电器流动资产中存货仅占 25.05%、26.96%，远低于其他三家公司；而在存货结构上，海信电器的存货中在产品比重虽有小幅波动，但三年内最高值还不到 0.25%，与其他三家公司平均 5%—8% 的相对数额相差甚远。可见，海信电器的"零库存管理"模式降低了无效库存，压缩了存货周转期。

表 2　四家公司存货结构及流动资产中存货占比情况

时间	2007 年	2008 年	2009 年	2007 年	2008 年	2009 年
	海信电器			四川长虹		
原材料（%）	30.74	17.61	28.36	17.73	18.68	19.17
在产品（%）	0.22	0.04	0.13	4.47	5.76	4.93
库存商品（%）	69.04	82.35	71.51	77.80	75.56	75.90
存货/流动资产（%）	40.14	25.05	26.96	41.95	35.17	34.18
	深康佳 A			TCL 多媒体		
原材料（%）	35.62	33.92	36.19	25.72	26.15	33.04
在产品（%）	4.96	5.40	6.17	7.38	8.22	7.63
库存商品（%）	59.42	60.68	57.64	66.89	65.63	59.33
存货/流动资产（%）	38.25	28.82	30.75	38.11	28.52	38.14

与此同时，在决定企业经营周期的另一重要因素——应收款周转效率方面，海信电器也同样以出色的表现领先于其他三家公司。为进一步考察四家公司的应收款周转效率，笔者依据年报、半年报数据又分别计算了四家公司的应收票据、应收账款周转天数（见表3）。

表3　四家公司应收票据、应收账款周转天数　　单位：天数/年

时间	2007年	2008年	2009年	2010年上半年	2007年	2008年	2009年	2010年上半年
	海信电器				四川长虹			
应收票据周转天数	32	52	58	59	42	39	39	49
应收账款周转天数	15	17	11	12	33	31	32	34
	深康佳A				TCL多媒体			
应收票据周转天数	86	81	73	64	9	47	9	12
应收账款周转天数	29	35	36	28	49	30	48	53

从表3中可以看出，海信电器的两项指标独具特色，且2007年至2010上半年，应收票据周转天数由应收账款周转天数的2倍左右增加至5倍左右，充分反映出海信电器以银行承兑汇票（海信电器年报中注释：公司销售对象中的大连锁、超市等大部分以银行承兑汇票的方式结算，因此导致应收账款大幅度降低，同时应收票据大幅度增加）为主要结算方式的特点。在此背景下，海信电器的应收账款周转天数差不多只有深康佳A和四川长虹的一半水平，远远优于TCL多媒体。

值得一提的是，2008年年末TCL多媒体的应收账款周转天数仅为30天，远远小于考察期其他时点的数值，通过查询其2008年年报，发现TCL多媒体为加快资金运转于当年采取了应收账款保理业务这一财务工具，同期应收票据周转天数上升至47天。

由以上分析可以看出，公司的成本控制固然可以在一定程度上对企业经营业绩的提高作出贡献，但海信电器却依靠其高效的运营速度和效率，即使在期间费用率上升的同时，其盈利水平也得到提高，处于行业领先地位。

二、思考与启示

笔者通过对四家公司财务报表数据以及相关财务指标的趋势的对比分析，揭示了海信电器提高盈利水平的奥秘——高效的运营速度和效率。毋庸置疑，企业的销售毛利率决定了其盈利水平的高低，因此对于高利润产品的投入以及相关产品结构的调整必须顺应消费趋势的发展；在激烈竞争的低毛利率背景下，企业要想取得较好的经营业绩，不仅要致力于常规的成本费用控制，更应着眼于运营速度和效率的提升。

存货作为家电企业最大的资金占用项目，决定了存货管理在公司经营中具有举足轻重的地位。作为四家公司中存货周转效率最高的企业，海信电器的"精益生产、零库存管理"模式值得借鉴。多年来，海信电器在加强存货信息管理基础上，不断优化计划管理体系和生产、物流流程，压缩存货占用周期，提高存货周转效率。

当然，宽松的赊销管理标准有利于销售额的提高，而严格的信用控制可以有效降低应收账款投资以及坏账损失风险，企业必须根据自身情况在冲突之间权衡利弊，制定合适的应收账款政策。在本案例中，海信电器以银行承兑汇票为主要结算方式，并严格制定应收账款政策，获得了高效、稳定的资金周转速度；而在公司内部，相关财务指标在整个业绩考核系统中被赋予相当大的权重，经理或员工的奖金与具体的财务指标考核结果挂钩，促进了运营能力的落实与提升。

此外，本案例中TCL多媒体公司对于应收账款保理业务这一金融工具的使用，对于面临资金周转困扰的企业来说也具有启示意义。应收账款保理，是指企业将赊销形成的未到期应收账款在满足一定条件的情况下转让给商业银行，以获得银行的流动资金支持，加快资金周转。对于实力较强且有着良好信誉而收款期限较长的企业来说，合理使用应收账款保理业务不失为低融资成本下加速资金周转的有效手段。此外，企业亦可以在充分考虑自身情况的基础之上，合理适度运用应收账款质押融资、应收账款证券化等其他应收账款融资技术，提高资金周转效率。

要让会计报表展现战略与价值

我曾经读过的一篇英文文章介绍到：澳大利亚防御部（下称DOD）是澳大利亚一个军事防御公共机构，该组织的运作经费绝大部分来自财政拨款，另有一些来自下属单位的产品与服务收入等。作为政府实体部门，DOD需要按照传统的会计准则编制财务报告。但是战略上，DOD也要关注竞争优势，根据不同的情况将有形资产与无形资产进行部署，发挥其最大的效力。单纯基于传统有形防御资产（如战斗机、坦克、军舰）很难有持续的战斗竞争力，有价值、稀有、不可模仿及不可替代（VRIN）的资源才能体现DOD的特有战略价值。然而，在传统的财务报表中，有形防御资产表现出较高的资产成本，而DOD持有的战略资源的能力则缺乏充分反映。为此DOD组织进行了关于CEVITA项目（Capability Economic Value of Intangible and Tangible Assets，即完全资产能力的经济价值）的设计和应用研究，以解决组织中内在的资产成本价值与资产能力价值二者间的不匹配问题。CEVITA通过重新架构计量属性，着重关注无形资产以及有形与无形资产的互动能力价值在会计系统中的体现，并将战略规划在报表中计量，从而使之全面展现DOD的真正价值。

CEVITA项目具体可以分为以下几个步骤：

1. 资产归类及其计量方法选择

（1）资产归类。项目首先提出了新的资产框架，将一个组织的资产资源划分为产生现金型资产和增强能力型资产两类，每一类资产又进一步分为有形资产与无形资产两个部分，每一小部分再进行细分。在这样逐步细化资产类型的基础上，CEVITA 模式为每种资产资源都设计了财务和非财务指标，通过这些指标，建立了这些资产价值与资产负债表财务类项目的联系。

作为军事防御部门，增强能力型资产对 DOD 最为重要，这类资产集中体现了组织的战略，它主要包括多种无形资产：① 人力资本与客户；② 组织品牌（招募新兵、得到政府支持等）；③ 研发、知识资本和专利（处于"最高机密"地位的研发项目如导弹，以及短生命周期的研发等）。

（2）计量方法选择。作为军事机构，DOD 本身的特殊性决定了其计量属性的特殊性。DOD 大部分资产与现金流、利润、税收和市场价值等概念都不相关，所以现金流量方法和传统会计的计量属性以及以市场为基础的计量属性都不适用于 DOD。而适用于 DOD 组织的计量属性是基于指数和基于一致认可价值的计量属性，CEVITA 项目综合采用了这两种计量属性，特别关注对其无形资产、无形资产与有形资产的协同作用进行计量。

2. 利用 ELVI 指数，计量价值

ELVI（Expense Leveraged Value Indexes，费用杠杆价值指数），是一项费用与该费用带来的价值之比。这个指数是通过计算费用支出来计算产生的价值的一种方法。DOD 的大部分资产属于增强能力型，在这些资产上仅仅有现金的流出（即费用支出）。为了得到这些能力资产的战略能力价值，CEVITA 项目大量采用这个指数来计量。DOD 计算资产价值的公式如下：

$$\frac{dS}{dt} = rE\left(\frac{M-S}{M}\right) - \delta S$$

此方程指出了一项能力增强型资产的经济价值在某段时间内的变

化是五个因素的作用：① E：为维持这种能力的成本/费用；② r：价值增加常数（定义为当 $S=0$ 时，每一美元支出所产生的价值）；③ M：一致认可的能力最大价值；④ S：当前的能力价值；⑤ δ：价值消耗常数（定义为当 $E=0$ 时，每一时间单位价值的损失部分）。上述方程中的两个 ELVI 指数 r 和 δ 是熟悉 DOD 运作的管理人员及深入了解其运作的专家小组在 DOD 历史数据的基础上，和诸如管理者、政府、员工等利益相关者的信息沟通下得到的。

负的净 ELVI 价值降低了能力资产的价值，这种情形在概念意义上类似于传统 GAAP 下的资产折旧与摊销，而正的净 ELVI 类似于传统 GAAP 下的资产价值重估。通过这些净 ELVI 值的列示，报表使用者进行战略决策时可以更简单、快捷。

3. 复式记账

DOD 不仅将其无形资产的价值计算出来，还通过传统会计的复式记账将这些价值记入账户中，从而最终可以通过报表来反映这些价值。

4. 战略报表

（1）战略资产负债表。本文仅给出 DOD 的 CEVITA 项目战略资产负债表的框架。在 DOD 的战略报表系统下，战略资产负债表分为两大类战略会计要素——投资类项目和融资类项目。投资类项目价值与融资类项目价值相等，这与传统的资产等于负债加所有者权益的平衡原则是一致的。投资类下将资产按照是否产生日常现金流入分为产生现金类（经营性）资产和能力增强型资产。各大类又根据前面资产辨认阶段的结果细分为许多小类。融资类项目又分为权益资本和债务资本，表现了组织的资本结构，各项目也进一步划分为许多子目，在此需特别注意权益资本下的能力资本类（capability capital），在组织运作过程中，由于费用支出而带来资产的能力价值的增值均将计入此类。

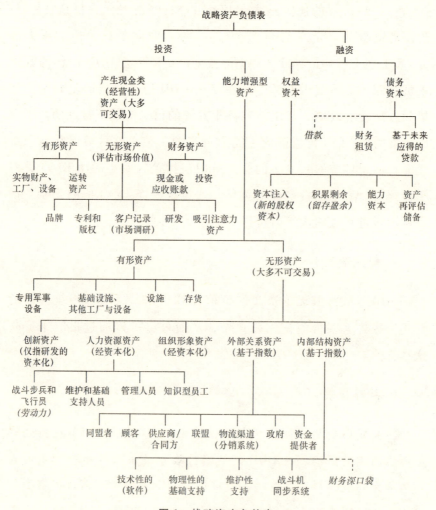

图 1　战略资产负债表

注：图中斜体字和虚线部分是此表在商业环境下的拓展设想，粗体字是专用于军事单位的具体账户。

（2）战略收支表。战略收支表主要包括两大类：能力生成收入（capability providing income）与能力生成支出（capability providing expenditure）。这些收入支出按照战略单位下的战略军事单元和基础部门分列与汇总。能力生成收入比较简单，仅是来自政府的收入、产品销售或服务、少量的资产处置及其他。能力生成支出分为直接物料成本（直接计入各单位）、资源成本（按作业成本法分配）。组织的作业分为日常运作（operations）、日常运作支持（operational support）、物料支持（material support）和训练（training）。这些支出项目在战略收支表中最终展现了其能力杠杆指数（净EL-VI指数栏）和支出所产生的能力价值。战略收支表的终点是组织的CEVITA净增加值，也就是组织所有资产（有形与无形）在组织运作中（有机结合、互动过程）能力价值的增加。

由此让我们可以深思不少问题，比如"战略"与"会计"，两者的"代沟"似乎始终难以填平。会计工作及其会计报表总是与"历史信息"、"只关注定量、内部、当期、确定性、有形资产等因素方面，而忽视定性、外部、长期、不确定性、无形资产等因素"等名词和评述联系在一起。的确，传统财务报表的局限性一目了然，其很难对战略进行衡量。我们不能漠视外界对会计的种种"非议"，必须加快会计报表改进的时间节奏和内在质量。DOD的CEVITA项目是探索性地对传统会计报表的一次扬弃，它成功地通过战略资产负债表与战略收支表将组织的战略以及体现战略的无形资源反映在会计报表中，并具备传统财务报表的合理内核和科学结构。

我觉得CEVITA项目的设计理念和工作技巧不仅适用于非营利组织，在商业环境下具有更大的应用价值。针对本案例，具体分析如下：

（1）会计信息必须反映战略方针与经营规划，战略也只有通过会计才能细化操作和有效执行。

面对日益激烈的竞争环境，组织要处于不败之地首先必须厘清其发展战略和竞争策略，企业间的竞争很大程度上是企业战略的竞争。作为公司经营管理的中心和基础，目前会计工作对战略的敏感度、会计信息与战略管理的相关性实在太低。显然，改变这种状况的切入点只能从改进会计工作和信息质量入手。会计工作和信息披露必须"追随"战略。会计信息必须描述战略，找到战略工具，描述战略动因关系，再根据动因设计关键驱动指标，描述战略实施全过程。

会计需要追随战略是问题的一个方面，另一方面是战略研制和实施也需要会计。首先，无论何种战略，其终极目标必须是控制公司风险和提升公司价值，而会计信息是公司风险和公司价值的集中反映和主要媒介，两者之间完全可以也应该实现"无缝连接"。其次，卡普兰教授说过："不能计量，便不能管理。"在战略问题上，战略决策不是"赌博"，战略表达也不能仅仅是豪言壮语般的口号。迫切需要会计"理性分析"的职业特质，利用数量化的指标对一个组织的基本战略思想和一系列的战略决策加以细化，预计战略实施的未来财务状况、盈利水平及现金流量。CEVITA项目就是试图将战略用数字性的语言表现出来，将战略体现在报表上。

在商业环境下，企业需要提供从战略的高度体现企业价值的报表，为利益相关者尤其是经营者的各种决策、执行、控制与反馈行为作指引。经营者利用这种基于战略的价值报告，更清楚企业的当前及潜在优势与不足，从而不断补充各种资源，同时也让高层管理人员从总体上认清组织的优势与劣势，在此基础上进行长远的规划与实施步骤，游刃有余地驾驭其各种资源，最终使企业的竞争优势持续优化并发挥作用，让企业价值永续，长盛不衰。所以，我们可以得出结论：DOD把"资源"视同组织战略与会计报表的纽带。

（2）战略会计报表的设计独具匠心，功能上魅力独特。

DOD的战略资产负债表的生成过程并没有"标新立异"，而是沿袭传统的财务会计核算，用经典的复式记账，强调各个要素之间的平衡，简单明了，逻辑连贯。本案例的突出特点就是通过利用无形资源与战略天然的、本质的联系，以及强调无形资源与有形资源之间互动的统一，来使报表反映公司战略，体现企业价值。

关于战略收支表，其结构与传统财务会计中预算会计的收支表的结构大体相当，从收入到支出，最后到累计剩余/赤字。这是与DOD组织本身的特性相关的。DOD的战略收支表的特殊之处在于该表不是简单地核算组织的收入与支出，反映组织资金运用状况，而是该表中每一项都与企业的价值相挂钩，其目的是反映组织价值的增减情况。战略收支表最终的落脚点在组织的CEVITA上，得出组织该年度总的CEVITA值的增加或减少，即组织价值的增加或减少。

本文特别强调CEVITA项目的战略报告在商业环境下是尤为可行、更具实用价值的。因为作为非营利组织的DOD，在使用CEVITA计量报告时存在诸如计量方式之类的局限，而将CEVITA计量报告延伸到商业领域，一些更有选择性且现实可靠的计量方法亦可以充分利用（如现金流折现法、市价法等）。特别是对于表面为费用支出，实际为更大的价值增值的项目，更需要客观的ELVI去描述。在DOD组织里这些ELVI的确定虽然也囊括了多方面的考虑（历史数据，专家、组织内管理人员及一般工作人员的意见等），但涉及范围始终很有局限，客观度不够。而对于商业领域中的组织，这些对组织极具战略意义的ELVI可以通过更广泛的渠道取得，不仅涉及组织内部，还可以参考同行水平，听取更多专家的意见，使得报表更加相关、可靠。基于以上分析，营利性组织中的战略报表更具有操作性，也更具有报告价值。

（3）对资产、费用的重新定义：从战略优势和能力价值角度看待资产、费用支出。

按照原来会计要素的定义，资产是一个组织拥有或者控制的能以货币计量的经济资源。现在会计理论上对于"资产"要素的内含又补充了对未来收益能力的关注。对于企业来说，资源是战略的体现，也就是说并非所有的资产都可以转化为竞争优势和超额利润。只有当这种资产是有价值的、稀缺的、难以模仿的、无法替代的时候，它才能成为竞争优势。企业的战略竞争能力和持续盈利能力在很大程度上决定于企业掌握知识技能，并知晓将其转化为独特的能力，会计上必须能够计量、确认这些资源并通过会计信息引导、评估、开发、利用这些资源、能力，以提升战略竞争性和赚取稳定、长期、超额的利润。按照这一分析逻辑，对比传统会计报表，很可能一项资产已经没有价值了，却仍在财务报告中列示，而能够产生价值的资产却未纳入报表。

传统的财务会计理论中，所谓费用的支出便是利润的减项，希望越少越好，一个组织管理的目标之一往往就是控制成本，精简费用。实际上这种认识过于片面与单一。从组织能力角度来看，一项费用带来的现金流出，很可能是为了维持（比如对设备进行日常维护）或增强（比如对设施进行技术改造）组织的竞争力。可以说，适当的费用对于组织的运营与价值创造是必要的、不可缺少的。CEVITA 项目中 ELVI 的真正含义就在于此。如果费用的支出能够带来价值的增值，则这项费用支出是有意义的；如果费用的支出不能带来价值的增值，无论这项费用有多小，我们均应避免。另外，对待费用不能"一刀切"，要区别对待。

CEVITA 项目重新定义了资产和费用，着重于资产是否能提升战略竞争性，费用是否能带来能力价值的增值。这种理念与商业环境下的企业需求不谋而合。

（根据原载于 2005 年《财务与会计》第 10 期同名文章改写）

让预算成为企业制度机制和战略必备工具

提及我本人和预算的关系，我很喜欢一些人称我为"汤预算"。因为在过去超过十五年的职业生涯中，我每年在学校内部的"本职教学"和社会上"走穴培训"讲课近一半都与预算内容相关，我经常把自己定位为"预算的传道者"。就以大型中央企业来说，至少有七八十家有我预算内训的课程。"谁喜欢预算，我就喜欢谁；谁不喜欢预算，我肯定讨厌谁"已经绝不是一句调侃的言语，而是一种生根于我内心的职业情感和宗教般的执著。

也正因为如此这般情怀与执著，面对中国企业的管理现实，我有时候很兴奋，但更多的是沮丧和不满，原因是真正理解和把握预算内涵、制度文化和战略管理体系的企业并不是很多：一批企业搞预算，完全是"走过场"，"忽悠国资委（上级），同时也忽悠自己！"，不少企业在预算管理书面制度上"雷声很大"，就是不下雨；有的企业预算还停留在标准的财务预算层面或财务部门预算的层面。最让我刻骨铭心的一次是几年前的年底，一个大型国资企业请我讲半天全面预算，前一天人力资源部总经理还发短信给我"明天有180名集团中高层领导听课"，可是听我第二天课的人数绝对不超过20人。课后我问这位总经理原因，他说："领导们年底太忙的缘故。也跟您说实话，主要是我人力资源部今年必须完成12次内训，今天我的任务算完成了。"我听罢，几乎要气晕。

当然，这是一个比较极端的事件。预算传道让我兴奋的事情还是蛮多的，财务战略管理的实践表明财务战略制定能力固然重要，战略执行能力更加重要。财务战略执行实际上就是将财务战略转化为行动，并确保既定的财务战略目标得以实现。这里有个十分重要的问题就是采用何种战略管理工具来"落地"和"管控"财务战略。

战略管理工具的提出和不断创新应该说是近年管理会计领域最显耀的成果，诸如预算、平衡计分卡（the balanced scorecard, BSC）、经济增加值（EVA）、基于作业的管理（activity-based management, ABM）等，这些工具的广泛接受和普及业已成为管理会计成功"侵略"或"渗透"到战略管理领域的有力武器。甚至，每个工具有时还被定位于一个"全能"的管理控制系统。提及预算，我十分欣赏 Henry Mintzberg 在《公司战略计划——大败局的分析》一书中给出的多重含义："预算可以看成是一种预期行为，是一种预测……成为实现政策、战略目标财源和人们行为的纽带"；"预算也可以描述成一系列价值标签的目标。因为资金是有限的，它是各种可替代方案中最佳的资金分配过程"；"从另一方面考虑，预算又可以被看做一种合同。是相关机构通过彼此同意的方式提供和使用这笔资金"；"预算是战略制定的过程的成果。能够被具体描述出来的战略会受到调配好的预算的深远影响，尤其是预算很紧时"；"一旦付诸行动，预算又可能成为惯例"。BSC 最初是以旨在扩展管理者关注点的新的业绩评价方法而出现，但很快就被依次提升为企业战略管理的基石乃至战略管理系统。在 BSC 体系下，由 Kaplan 和 Norton 所倡导的以战略地图（strategy map）为基础的分析框架则更具操作性和逻辑性。所谓战略地图就是全面、明确勾画出企业战略目标与日常经营活动目标之间逻辑关系的一个框架图，它是一种自上而下的战略描述方式，不同的企业应根据自己的战略或目标来绘制相应的执行图，以明确企业各项活动之间及活动与目标之间的逻辑关系。战略地图作为一种可视化的战略描述工具，不仅丰富和完善了平衡计分卡的理论体系，而且还与平衡计分卡一起构成了一个完整的战略执行体系。至于EVA，则是在重申股东价值主义的浪潮中基于对传统经济利润指标（剩余收益）的改进应运而生的，时至今日EVA已被应用于管理目标设定、持续管理改进、业绩评价和报酬计划设计等管理领域，并成为一个以组织分权为特征的EVA管理体系，它通过测量公司在一段时期的经营业绩，对公司战略和投资方案进行评估并最终达到创造高于资本成本的利润的目的。最后，作业成本（ABC）概念最初只是为了更好地计量成本、解决共同成本分摊问题而提出，但后来人们将它所提供的信息广泛用于预算管理、生产管理、产品定价、新产品开发、顾客盈利能力分析等诸多方面，这使得ABC很快超越了成本计算本身，已成为以价值链分析为基础、服务于企业战略和增值目标的ABM。

管理工具是多样的，并各具特色，各有利弊。不过成功地运用这些或某项工具，下列问题应该引起关注：

（1）通过培训、讨论等方式营造应用这些工具的内部氛围和公司文化。比如，应该有一种强调"对数字的尊重"、"用数据说话"的公司文化。我认为这种公司文化可以通过对各层级管理者的会计知识、管理控制工具培训等方式形成。没有这种文化，在公司内部有效推行管理控制工具几乎是不可能的。

（2）具有合理、科学和操作性的战略体系。运用管理工具是为了落实战略，但是公司的战略文稿是一部空话、套话的报告，那是不可能"落地"的。我认为有效且可操作性的战略应该准确地回答三个问题：① 企业的愿景和核心竞争能力具体是什么；② 年度最为基本的经营目标及其基本策略是什么；③ 需要配置的各种资源尤其是财务资源是什么。在此基础上把战略转化为操作指令，使战略成为每个人的日常工作，尤其是动员高层和中层领导者来持续关注战略的推进过程。

（3）全面预算管理是国际通行的战略管理工具，是战略管理最基础、最重要的工作。过去我们企业普遍存在预算编制不严肃、预算执行较差、预算达成率偏低等问题，不仅造成我们经营时常出现较大波动，而且给外部投资者和金融机构造成负面的印象。一个做不好预算的企业，一定不能成为成功的国际化企业。

全面预算管理最重要的是"预"字，它体现出企业对未来经营成长的合理预估或判断。我们提倡"有计划和预算的经营成长"，以有效配置资源和控制风险。我们应该认识到在经营中偏离预算无论是高于或低于的幅度过大，都代表我们经营管理能力不足。同时，我们要坚决制止为了达到当期预算而伤害企业长远健康发展的短期行为。另外，全面预算管理绝不是财务一个部门的事情，它是一项全员系统工程，需要从总经理到基层员工的全面参与，各部门协调配合和切实执行。

去年的某一天，我在首都机场候机，大雾，飞机不能飞，闲着逛书店读到《静水深流》，作者是中国电力 CEO 李小琳。这本书里居然有不少关于她对预算的说法："公司治理结构决定了预算的编制与最终发言权。预算管理体系科学与否正是公司治理结构完善与否的一种标志与缩影。""预算管理在财务管理中具有重要地位，财务管理在公司治理中是核心地位，决定了预算管理与公司治理的关联度。""预算的激励机制与权力划分、制衡关系的处理、集权分权度的把握，直接影响到预算控制的效能。""公司激励机制的根本层次几乎都是预算管理的'互动'结果。""我常听经营层抱怨'董事会这帮人只会年年加码，鞭打快牛'，决策层抱怨'经营层、子公司帽高一尺，藏头不露尾'等现象。与其说是预算管理存在着许多认识上的误区，预算方法需要改进，还不如说是公司文化有问题，企业制度不规范，公司管理结构不健全。"

这些说法真的很有水平,有高度!我很赞赏。只是由于这本书价格不菲,加之我当时有足够时间,故没买,而是把这些话抄了下来。

预算管理：为啥想说爱你不容易

几年前，应《管理学家》杂志的邀请，写一篇案例点评的短文，案例提供的故事情节如下：

LZ集团是一家具有十年历史的民营企业，地处山东省，主营业务为饮料制造。集团成立初期，考虑到资金实力，董事会紧紧围绕主业和相关产业做适当的投资，经过几年的资本积累，企业资产规模扩大十余倍，一跃成为当地的纳税大户。看到企业自有资金充足，筹资渠道畅通，集团在加大主业投资规模和速度的同时，也开始对非相关的其他行业领域进行了实业投资，如化工、房地产等，大大小小十几家分子公司，组成了一个多元化经营的集团公司。

随着规模的扩张，集团总经理岳志鹏越来越意识到"管理"和"控制"的重要性。在与集团领导班子其他成员讨论后，LZ集团年初提出了"以财务为核心，以预算管理为突破口，全面提升集团对下属子公司的管控力度"的管理改进目标，特别指定集团财务总监王彬全面负责此事，并对王彬充分授权开展预算工作。如此这般安排以后，岳志鹏本以为到年底就可以听取有关"集团推行预算效果显著"的汇报了。可是，还没到国庆节，王彬却找上门来，说是预算在企业里推行得极不理想，自己得罪了不少人且不说，大家对财务部门的抵触情绪越来越大，年初编的预算现在看来就是废纸一张，没人拿它当回事，更别说实现年初的目标了。这让岳志鹏感到意外和困惑：为什么人家都说预算管理对企业有好处,而在我的企业里却见不到效果甚至起反作用呢?多年的经营与管理经验告诉他,这件事不能只听王彬一面之词,他决定开一次预算工作研讨会,让大家畅所欲言发表意见,听听各个单位或部门怎么说,这样才能知道问题出在哪儿。

LZ 集团这次预算工作研讨会的真实场景回放如下:

时间:20××年9月10日　　地点:LZ集团公司大会议室

参会人员:集团公司总经理、集团财务总监、各部门总监、财务部全体人员、分子公司主管财务的副总经理及财务负责人。

集团财务总监王彬:今年集团公司首次推行预算管理,是由财务部负责牵头进行。为此,财务部做了大量工作,包括下达制度、编制预算的表格模板、汇总预算等工作。但是经过半年多的运行,各部门各分子公司普遍反映没有见到效果,有些单位甚至明确反映推行预算弊大于利,劳民伤财,不如不搞。从预算控制的角度看,咱们公司的预算执行情况也不尽如人意,预算偏差太大了,年初定的目标现在看来几乎不可能实现。针对这种情况,我们今天决定把各部门各单位的相关人员请来,大家坐在一起讨论一下,到底要不要在我们公司推行预算?我们公司预算管理的瓶颈在哪里?是财务部的工作不力,还是有些部门或岗位的责任人不足?要保证预算管理取得预期的目标,我们应该从哪些方面入手?希望大家开诚布公地把自己的意见和建议都提出来。

集团财务部罗部长:我先说说,集团公司要推行全面预算管理,我起初是举双手赞成的。所以去年年底任务一下来,我就带领部门全体人员加班加点的开始做准备工作,为了把这项工作做好,我们查阅了大量的书籍和资料,起草了预算管理制度,考虑到公司刚刚开始推行预算,大家没有经验,我们还为各部门各单位设计了预算编制所用的表格,包括哪个格填什么数据等,我们能做的都做了,可是结果呢?该提交预算的时候不提交,提交了的全是低级错误,让大家及时提交预算执行报表,全都说"忙死了,正事还干不过来,哪有心情管这些"!有的人甚至跟我们说,一看到你们的电话号码我就不接了。这种费力不讨好的事让我们很委屈。现在看来我们财务部实在没有办法负责这件事了。

集团战略发展部秦部长:委屈的不只是你们啊,公司让我负责投资预算,可是我怎么负责啊,下面的公司各自都是独立法人单位,人家说"我们花自己的钱办自己的事,公司凭什么指手划脚啊,如果花公司的钱,听你们分配还说得过去"。这话说得我没有办法应付啊。结果是人家报上来我就剩下签字了,哪儿谈得上审批呀!还有就是公司让我们定指标,我们又不了解下面单位的情况,定的指标大家全都说太高,完不成。我们定得太低公司也不同意呀,这不让我们左右为难吗?

甲子公司雷总:谈到这个问题我想说几句,对于下面公司的固定资产投资,我就认为不能全都由集团公司拍板,上面不了解情况,到底生产上是否需要,能够产生多大的效益只有我们最清楚,让集团公司做决策,一方面影响效率,另一方面可能延误商机啊。上半年我们的一台备用电机就是我先斩后奏购置的,结果怎么样,原来的电机突然烧掉了,多亏这台电机及时顶上,否则至少停产一周,影响利润一百多万元啊。

乙子公司方总:我同意雷总的意见。另外我还想问一句,对于咱们这么大的集团,预算还有用吗?首先,为了这一大堆的表格,我们公司财务部连续一周天天加班,总算弄出来一个交上去了,结果上面说目标太低了,让我们重编,结果又是三天不睡觉。再看看我们的预算和实际经营情况,简直就是一个天上一个地下,不是我们不明白,是这世界变化快!别的公司我不敢说,反正我们公司的市场变化太大了,什么都在变,随时都在变,我们还花那么大的精力弄这些表格,究竟有什么用啊。

丙子公司韩总：其实预算就是财务部的事情，说白了就是数字游戏！我都不知道为什么让我参加这个会议。

集团行政郭总监：不能这么说吧，人家都说全面预算管理一个重要的内容就是全员参与，全员就是所有人都包括啊。其实说到咱们公司的预算，我认为就是领导重视不够，我的同学在东升集团，他们为了推行预算管理，专门成立了一个预算管理委员会，老板直接挂帅，人家就把预算搞得很成功嘛，据说三年下来成本平均降低了10%呢。

集团人力资源刘总监：我不是学财务的，对预算更是一个外行，关于我们部门这个预算到底应该怎么编，我一直比较困惑，我不知道公司今年要增加多少人，也不知道这些人在哪些单位，增加这些人是否必要，我应该依据哪些单位的哪些信息来编这个预算呢？

丁子公司财务主管张键：我个人感觉就是两点：一个是预算编制的时间太短了，年底财务的事本来就多，现在又加上一个预算，财务人员压力太大了；第二个就是现在预算编制程序好像有点问题，集团让我们先编预算，结果我们编完以后集团又说低了高了大了小了等等，让我们返工，我们公司今年就返工三次，大家意见特别大。希望公司在明年能改改流程，让我们少做些无用功。

集团运营部孙总监：我在这里也提一个小问题，财务部在预算上是下了不少工夫，比如给各公司提供了预算编制用的表格，可是说实话，那些表格不太适用，下面公司人员素质参差不齐，有些单位自己调整一下就用了，有些就不知道怎么做，结果编出来的东西都快成笑话了。所以我建议，下次在编预算前可以根据下面公司的实际情况做一些有针对性的培训，让他们明白表格是干什么用的，这样既可以发挥下面单位的主观能动性，又可以提高效率。

最后，岳志鹏总结发言： 通过这次讨论会，我发现集团在预算管理方面还存在许多问题，大家在提出问题的同时也提出了一些改进建议，这是我们今后改进提高的基础。公司将认真研究这些问题，必要时会引入专家来帮助解决。刚才大家提了很多的问题，我来总结一下……

我觉得这个案例很生动、很现实、很有代表性。为什么这样说，我在不少预算课程上不止一次将它作为案例交给学员讨论，我的问题是"如果你是总经理岳志鹏你会做出什么样的总结发言？"每次课堂讨论都很热烈。甚至不少学员说，这简直是他们公司预算会议的会议记录。

所以我觉得这个案例很有档次、很鲜活，也"很中国"。我给出的书面点评如下：

读罢 LZ 公司案例，我觉得对预算的种种"指责"、对预算制度的"愤怒"完全正常，可以理解。该集团预算管理制度面临如此强烈的"抨击"，甚至大有"全盘否定"预算管理之势，这种局面不应该发生。LZ 集团在预算管理制度及其执行上，有几个方面的问题值得反思和关注。

首先，关于预算培训"洗脑"问题。不难发现，LZ 集团启动"预算管理"前的培训、沟通不够，使得与会的管理者对预算认识不正确，对实行预算管理的必要性的理解有很大偏差。例如，丙子公司韩总认为预算就是财务部的事情，是数字游戏；而乙子公司方总不知预算有什么用等。事实上，预算管理首先是一种管理理念、管理机制、管理文化，其次才是一种控制技术，因此沟通和"洗脑"的工作一定要做足。这可能是该集团最大的问题。

其次，关于财务部门在预算管理中的"职责"问题。预算管理的启动一般会把公司财务部推向工作前台，但 LZ 集团在操作上似乎把预算完全等同于财务预算，财务部全权处理集团预算的各项工作。这种制度路径安排的结果必然同时出现以下四种情况：① 各个财务总经理都反映出其财务部门因预算超负荷的情况；② 大家对财务部门的抵触情绪越来越大；③ 财务部门也因种种抱怨而深感导入预算是"自作自受"；④ 预算管理制度的结局往往是"虎头蛇尾"、"不了了之"。防范把预算管理变成财务部门预算的做法是，在预算编制时一定要做到"全员、全方位、全过程"参与预算工作；按照"谁干事，谁编预算；干什么事，编什么预算"的归口分级管理原则，细化各部门各单位的预算责任，包括各自预算编制责任。

最后，关于判断预算管理成败的"标准"问题。包括 LZ 集团在内，太多的企业把检验预算成败的标准归结在"预算编制是否准确"上。我们认为这种检验标准是错位的。因为绝对准确的预算是编不出来的，预算数据重点是具体落实股东大会、董事会、经营者、各部门乃至每个员工的责、权、利关系，明晰它们各自的权限空间和责任区域。缺乏这种空间和区域，何从谈什么管理。著名管理学家彼得·德鲁克曾经形象地指出："包括预算在内的经营指标当然不是列车时刻表，它可以被比作是轮船航行用的罗盘。"罗盘是准确的，但是在实际航行中，轮船可以偏离航线很多英里。然而如果没有罗盘，航船即找不到它的港口，也不可能估算到达港口所需要的时间。

预算管理一定意义上是说企业发展和经营策略不能一味关注个人的"神迹"和"魔力"，特别强调对数据的尊重和事实的认可。所以我认为只要有助于全体员工逐步形成"对数据的尊重和对制度的敬畏"，预算管理的推进就是成功的。更何况推行预算管理的这些效果不可能"立竿见影"，一般需要两三年时间预算管理才能走入正轨。LZ 集团管理层要求当年就把预算确定得很准确是不现实的。

不过，我觉得这个公司值得赞赏的地方是，大家都能畅所欲言、说出真实的主张，这种"文化氛围"是难得的，尤其是对于中国民营企业而言。

（根据原载于 2008 年《管理学家》第 4 期"心急吃不得预算管理的热豆腐"文章改写）

财务战略执行中的"信号灯"制度

财务战略的执行需要借助于保证"执行力"的一系列制度,"信号灯"就是不可或缺的制度安排。还是继续我曾经介绍过的长虹九大 SBU 制度案例:按照提升系统竞争力的策略,四川长虹以产品线为主线,支撑多产品、跨地域的产业发展,把长虹的产业分成九大战略业务单元,在长虹战略业务单元层面上,变原先的"条条"管理为"块块"管理,完善授权制度,使各战略业务单元责、权、利一体化;而在战略业务单元内部,则推行"纵向一体化"。对于这"九个战略业务单元",赵勇表示一定时间内将保持稳定,但它们仍然需要在市场中接受挑战,公司对其实行红黄牌制,半年考核一次,如果业绩考核未完成,就将被出示黄牌,并再次制定半年后要达到的目标;半年后还完不成,即被亮第二张黄牌,再过半年,若第三次未达标,就会被亮红牌——结果之一是战略业务单元负责人免职;结果之二是长虹评估若没有能力将这一业务单元做好,就对其进行关闭、出售、清算甚至破产。①

显然,长虹推出的"红黄牌制"是战略执行分析中的一种"信号灯"制度,在其他有类似制度的企业有的称之为"红绿黄灯制度",有的叫"看板制度",还有的公司运用财务分析上把几个关键战略指标的目标值和实际值同时展示在一张"雷达图"上的"雷达图制度"。无论名称是什么,这类制度都给我们如何使"战

---

① 参见 2006 年 12 月 1 日《21 世纪经济报道》。

略目标财务化、复杂问题简单化、管理问题工具化、数据问题图表化，经营状况可视化"提供了值得提炼的管理理念与可资借鉴的控制工具。

1."信号灯制度"财务特色

显然，"信号灯制度"使公司战略管控呈现了几大财务特色：

（1）把"用数据说话"作为一种制度、一种公司文化融入战略分析、过程监管与业绩评价的每个环节。这种"用数字说话"的制度道理简单、效果直截了当，能帮助每一个环节和成员更客观地了解企业的战略目标进度，有条不紊地开展工作，按预定计划、时间进度完成各项指标。

（2）以财务效益为导向的战略规划与管理控制系统的建立与运作。长虹公司通过数字准确地传达出管理信息，很直观地使没有达到企业目标利润率而进入黄灯和红灯区的部门主管和员工感到压力，迫使他们进一步挖掘业绩驱动因素，使其经营状况能够有快速的改善。

（3）谋求管理控制系统的"可视化"。战略管控无疑必须"用数据说话"，但是可用的数据资料很多，即使仅仅对资产负债表、利润表、现金流量表的数据进行分析就足以折腾得公司经营管理人员"头脑发晕"。如何使"数据问题图表化，经营状况可视化，管理工具模板化"，这是管理控制系统建设中一个不可忽视的技术问题。

（4）"财务数据"和"信号灯"必须具有极强的"决策相关性"和"执行力"。其实我们很多企业内部的财务报表和内部报告是很有信息含量的，只是很多公司管理层仅仅走程序，形式上看看而已，这些信息的决策与管理价值没有得到有效的开发和利用。长虹直接根据"绿灯行、红灯停"这种信号灯原理对各业务单元进行差异化管理,内部管理报告和信号灯的作用"立竿见影",具有极强的执行力。

(5)前置业绩评价,夯实业绩评价乃至薪酬制度的过程控制力。一般而论,业绩评价尤其是薪酬计划实施在期末,是"事后管理"。长虹的"信号灯制度"显示业绩评价制度应该而且也可以提前,融事中管理、过程监控与业绩评价于一体。

2. 着眼于管理控制系统的完善,构造工具化的"红绿黄灯"预警制度

虽然每一个企业战略方针各异,内部管理系统不同,但我们完全可以从长虹公司"信号灯"制度中发现值得我们借鉴的亮点。我们认为构造工具化的"红绿灯预警制度"应考虑以下几方面的问题:

(1)信号灯制度服务于战略目标,落实于战略执行过程。"信号灯"制度是一种量化的战略管理,它必须借助于各类指标进行战略的表达与管理。也就是说,推行战略型的"信号灯制度"的前提是公司战略规划必须具备"可操作性"。亮"红"或"黄"牌的标杆或依据可以是"集团规定的战略目标或业绩指标",这属于"决策力"范围,良好的"决策力"是有效"执行力"的必备前提。应该通过战略规划、KPI 的落实和"信号灯"制度,使各级组织单元和员工了解企业的战略方向是什么、战略方案是什么、具体指标与目标值是多大、时间节奏安排如何、"我"应该做什么、本季(月、半年)度中"我"做得怎样等问题。

(2)夯实实时、简明、以财务指标为主导的管理报告的系统平台。实行"信号灯"制度必须具备畅通的、实时的、战略个性化的、简洁明晰的信息系统保障,这属于内部管理报告的范围。这种系统或管理报告至少有三个要点:① 这个系统主要是用于管理

控制的管理会计信息系统，而非遵循公认会计制度的财务会计系统；② 这个系统是"战略实施状况"的"仪表盘"，其主要数据是战略目标数据，其信息的首要特征是战略决策与管理的"相关性"，信息的"真实性"或"准确性"则是次要的；③ 突出战略上"重要性"原则，盯住"关键信息"和"关键业绩指标"（KPI），而不太关注信息提供上的"系统性"和"完整性"。该系统或管理报告所发出的信号应该简洁、明确，管理人员能够及时、准确地知道哪些业务给企业创造价值，哪些业务达不到企业目标。

（3）落实定期沟通制度和融合模板化、差异化、例外管理于一体的战略执行控制制度。"红绿灯"制度成功的关键就是对信号灯具有管理与控制的制度效果，结果及结果所反映的问题能充分贯彻执行。长虹公司通过红黄牌来衡量每个业绩目标的完成情况，这样，每个单元的业务状况和员工表现通过灯的颜色就可以表现出来。根据"信号灯"所发出的信号，企业的高管层对不同的业务采取不同的态度，这种战略沟通与差异化管理的制度安排成为战略执行的"闪光点"。

关于管理沟通"模板化"和"可视化"制度问题，还有两点需要说明：一是关于红绿灯的标准设定。这要依据 KPI 或监控指标的变异程度而定，如某企业的具体监控措施如下：|监控指标实际值高于（或低于）目标的幅度|＜5%，则表明可以亮"绿灯"；若监控指标发出的预警信号是"黄灯"，即 5% ＜|监控指标实际值高于（或低于）目标的幅度|≤15%，则应引以关注；若监控指标发出的预警信号是"红灯"，即|监控指标实际值高于（或低于）目标值的幅度|＞15%，应该严密监控或刹车，督促高级管理层落实、整改。制度中"5%"和"15%"等数值大小的选择是战略偏离接受程度的描述。我们认为可以选定"先大后小"，即先松后紧的思路，进行集团统一的数值界定。二是本案例中"红绿

灯"只是"可视化"管理的一种形式。有的公司运用财务分析上把几个关键战略指标的目标值和实际值同时展示在一张"雷达图"上，这也是"模板化"、"可视化"管理的一种有效工具。

（4）打造"在管控中提升服务，在服务中夯实管控"的公司总部。在目前的中国公司，一旦提及"战略管理"、"组织管理"、"集团管控体制"这些问题，往往只会说"执行力"、"控制"、"监督"、"奖励与处罚"、"末位淘汰"等关键词，完全把公司总部定位在"司令官"身份上。本案例显示总部这种定位是极不完整的。我们已经感受到，该公司在出示红黄牌后，对于收到红牌的业务或子公司，公司总部包括CEO在内会立即实施"例外管理"，和下属一道"检讨战略"、"分析问题症结"、"提出转型与应急对策"等，这种"服务生"的角色是难能可贵的，值得推崇。由此看来，一个公司的管理控制系统的建立和有效运作，应该抛弃单纯担当"闯红灯就罚款、扣分的马路警察"的管理理念，学习长虹公司总部，特别需要关注和提升其战略管理的服务能力。因此，我们提出公司总部"在管控中提升服务，在服务中夯实管控"的管理命题。

在提升总部服务能力和水平上，树"标杆"是一种十分有效的管理工具。总部有责任总结集团内部经营卓越、转型有效的SBU的经验和做法，并作为"管理标杆"在集团内部学习推广。在总部的"服务"下，这种内部"标杆"在管理改进上具有外部"标杆"无法比拟的一系列优势。

总之，长虹公司的"红黄牌"信号灯制度给我们如何使"战略目标财务化、复杂问题简单化、管理问题工具化、数据问题图表化、经营状况可视化"提供了值得提炼的管理理念与可资借鉴的控制工具。

多角度审视平衡计分卡和战略地图

平衡计分卡（BSC）是20世纪90年代初期由Robert Kaplan与其合作伙伴David Norton创建的一套旨在扩展管理者关注点的新的管理方法，强调多元"价值驱动因素"的业绩评价，这些多元因素包括财务业绩、客户关系、内部生产过程、学习和创新，它们把业绩驱动和业绩结果很好地衔接起来。后来两人在BSC体系下又提出以企业战略地图（strategy map）为基础的分析框架则更具有操作性和逻辑性。所谓战略地图，就是全面、明确地勾画出企业战略目标与日常经营活动目标之间逻辑关系的一个框架图，它是一种自上而下的战略描述方式。不同的企业应根据其战略或目标来绘制相应的执行图，以明确企业各项活动之间及活动与目标之间的逻辑关系。

故此平衡计分卡尤其是战略地图的独特之处在于：第一，通过非财务指标的三个维度准确反映出十多年来企业技术及竞争优势变化的实质，即无形资产（如客户关系、创新能力、业务流程、员工素质、信息系统等）已成为企业竞争优势的主要来源。这些年来，人们对传统财务评价指标的不满和批评日渐增多，要求增加能够反映企业未来盈利潜力的战略性指标。单纯的财务数据很难反映企业未来的成功因素，基于会计数据的财务指标显然不能作为衡量当期绩效的唯一工具。更严重的是采用基于会计指标的评价系统会使经理人在平衡企业长短期财务业绩时倾向于牺牲长期、做高短期，比如单纯采取降低成本以提高短期利润的方法有可能最终导致客户满意度和忠诚度降低，并制约企业的长期发展潜力。第二，为保障战略的有效执行，平衡计分卡在一个评价系统中通过因果关系链整合了财务指标和非财务的战略指标，因而既包括结果指标也包括驱动指标，使其自身成为一个前向反馈的管理控制系统。第三，平衡计分卡强调评价指标的战略相关性，要求部门和个人业绩指标要与组织的整体战略密切关联，从而超越了一般业绩评价系统而成为一个综合的战略实施系统。人们对战略的关注点已从战略规划逐步转向了战略实施，它主要通过与战略密切相关的指标，将组织的战略意图导入组织的不同层级以保障战略被正确的领会与有效实施，成为战略管理的利器。

正是上述鲜明的特点，平衡计分卡的概念一经提出就受到了理论界、企业界及咨询业的广泛认同和接受。据统计，自1998年以来，在业绩管理协会（Performance Management Association）举办的学术会议中，Robert Kaplan和David Norton有关平衡计分卡的文章始终高居大会入选论文引用文献之首，平衡计分卡不容置疑地成为业绩管理领域中最为成功的管理概念。即使在我们中国，无论是营利企业还是政府组织，平衡计分卡已经家喻户晓，我可以肯定地说，中国社会对平衡计分卡的认知程度绝对不低于美国社会，我在很多场所直接用BSC表述平衡计分卡，听众基本上都能"畅通无碍"地理解。这一现象经常被我调侃为"中国社会开放和中国人具有极强学习能力的标志"。

但是，平衡计分卡真的完美无缺吗？"平衡计分卡的四个维度并不是简单罗列，学习维度、流程维度、客户维度、财务维度所组成的平衡计分卡既包含结果指标，也包含促成这些结果的先导性指标，并且这些指标之间存在因果关系"（Kaplan & Norton, 1996）。这表明平衡计分卡和战略地图暗含了一个基本假设，从底层的组织学习与成长、流程改进，到上层的满足客户、财务业绩之间存在着因果联系。所谓 X 事件和 Y 事件间存在因果关系，是指 X 事件先于 Y 事件发生，观察到 X 事件意味着 Y 事件也将发生，且两者存在时间和空间上的相关关系。西方学术界对平衡计分卡的批评也主要集中在对因果关系链成立的逻辑假设方面，我们在此做一总结：

（1）时间序列与因果关系。既然因果关系的前提是时间序列上的先后顺序，Kaplan 也曾经提到"战略目标应该分解到不同时段的预算目标中滚动实现"，而平衡计分卡并没有考虑到时间维度，各维度的指标都是在同一个时间截面上选取，这种因果关系如何得以证实？在战略地图当中，不同的行动方案被简略列示在同一张图上，不同的行动方案通过重重因果关系最终指向财务结果。但是这种图示上的箭头关系并不等于这些行动方案之间存在因果关系。举例来看，新产品研发进展、现有产品线质量改善、增大促销力度尽管在战略地图当中可能都指向财务结果，但作用时效明显不同。笼统的将这些指标放到一张静态战略地图当中，我们应当如何厘清何种因素何时对财务结果发生作用，作用效果如何呢？正由于平衡计分卡未能考虑时间序列的影响，它也无法解决企业战略发展项目和现有营运项目的平衡问题。同时，当战略调整、新项目启动之时，让企业在没有经验数据的情况下做出适合本企业的战略地图并找出关键绩效指标的标杆，无疑是难上加难，最终又回到"拍脑袋定目标"的老路上。

（2）指标取舍与因果关系。对于平衡计分卡各维度是否有所侧重、如何取舍的描述的确有模糊之处。一方面，基于波特的竞争战略分析框架，如果组织学习、流程改善、客户服务等方面都能高效完成，则良好的财务结果指日可待；另一方面，我们仍然强调其他维度的指标应能通过财务论证，而诸如作业成本法（ABC）等技术引入平衡计分卡也意在保障其他维度的行动方案具有财务可行性。从这个角度来讲，平衡计分卡的思路是：基于竞争战略分析认为学习、流程、客户等维度指标的改善一定会对财务业绩有正面作用；但是在确定其他维度行动方案时还是需要先通过财务可行性的旁证。到底孰先孰后？孰因孰果？思路也有些不同。正如 Michael Jensen 对平衡计分卡的批评："多重目标即是没有目标，""我们要求管理者同时在多个指标上进行最大化，却没有明确指出如何在不同的指标之间进行权衡。"何况各行业的研究数据也证明了许多顾客对于公司来说并不是有利的，顾客满意度的增加会降低组织的盈利水平，这是因为要获得顾客满意度的微弱增长就要付出高额的成本。

（3）循环逻辑与因果关系。有些人认为平衡计分卡四维度之间确实存在相辅相成的依存关系，但不是因果关系。在现实经营当中，不能简单地认为组织学习是流程改善的驱动因素，进而驱动客户满意，从而驱动财务结果。事实上，任何一个维度指标的改善、任何一项行动方案的开展都受到财务因素的制约。比如说，研发部门的现金支出是需要良好财务业绩支持的，新投资所需的资本支出可能由于上期低效现金流转而被巨幅压缩。在财务维度内，收入增长、财务杠杆应用甚至净利润增加也并不一定最终创造价值，同样存在循环逻辑、相互制约等问题。

总之，平衡计分卡仅仅是战略评价系统的一种工具，战略地图也只是保障战略执行的一种思路，但并非唯一的选择。国内一些人颇有些"BSC一出，谁与争锋"的味道，我并不赞同。

比如，英国的安迪·尼利、克里斯·亚当斯、迈克·肯尼尔利等人编著的《战略绩效管理——超越平衡计分卡》一书，试图使平衡计分卡更加完美与实用，创造性地提出了一套更加完整、更加直观、可以替代平衡计分卡的方法——绩效棱柱。其基本原理是：21世纪的公司组织不能只考虑股东的愿望和要求。由于资源获取上、法律上和道德伦理上的原因，公司必须从战略设计、业绩结果上关注和平衡所有利益相关者的愿望和要求。绩效棱柱包括五个相互关联的方面：① 利益相关者的愿望——谁是我们的主要利益相关者？他们的愿望和要求是什么？一个组织的关键利益相关者应该包括投资者（股东和债权人）、顾客和中间商、员工和劳工协会、供应商和合作联盟、定规者和社团。公司进行战略决策时应清楚满足哪些利益相关者的愿望。② 利益相关者的贡献——我们从利益相关者那里获得什么？比如，顾客并不一定能够成为给企业带来盈利的顾客；希望员工或供应商的工作效率和贡献不断改善。③ 战略——我们需要什么战略来满足利益相关者的需求，同时也满足公司的盈利和价值增值的要求？为此，计量方法与数据的取得变得特别重要，这些方法与数据必须能够帮助管理者了解自己所采取的战略是否得以有效实施。④ 流程——需要什么样的流程才能执行既定的战略。许多组织从开发产品与服务、产生需求、满足需求、设计和管理企业等四个方面来考虑它们的业务流程。⑤ 能力——我们需要什么样的能力来运作这些流程？能力可以定义为一个组织的人力、实践、技术和基础结构的结合体，它们共同代表了组织通过多种运作方式为其利益相关者创造价值的能力。这五个方面为我们考察公司的绩效提供了一个全面的整合框架，它可以清楚地说明一个给定的企业经营模型和战略分析框架。与其他框架相比，绩效棱柱更广泛地考虑了不同的利益相关者，该方法的创建者尼利认为从战略中推导业绩指标的想法是不正确的，应该首先考虑不同利益相关者的要求，然后才能形成战略。这一体系的最大特点就是在设计业绩指标之前先判断当前战略的适当性，这使业绩指标和战略分析具有更为宽广和多维度的基础。它很值得学习和关注！很遗憾这一主张在企业的认知度太低。

再回到平衡计分卡,我本人和我的研究生几年前曾经对十家左右"非常强调平衡计分卡"的中国公司进行过专题调研,得到如下访谈结论:第一,尽管处于平衡计分卡实施的不同阶段,被访谈企业对平衡计分卡理念的理解相当透彻,并且趋于一致;第二,在具体操作上,被访谈企业均没有全盘接受平衡计分卡所提供的方法,而是根据自身实际情况进行了相应的调整,这主要体现在非财务指标的选择与确立上;第三,对于平衡计分卡尚未明确的非财务指标评价的盲点问题,如指标数量的限制、指标权重以及评价标准的设定等,企业一般都会根据自身的经验,并借鉴相关的行业数据以及竞争者标杆来进行主观判断;第四,除个别公司引入战略地图外,绝大部分被访企业并未采用平衡计分卡进行战略落地,对平衡计分卡的运用实际上仅仅停留在绩效评价层面。有意思的是一些"大喊平衡计分卡"的企业非财务评价指标体系也并没有按照平衡计分卡的顾客、内部业务流程、学习与成长三个维度进行选取。我想说的是,平衡计分卡框架下企业各异的非财务指标评价不得不引起我们的反思:平衡计分卡为中国企业带来了什么?这种在公司内部一方面高唱平衡计分卡、战略地图的赞歌,而另一方面其实际导入还处于十分初级阶段的"落差",使我们不得不需要继续思考这一"落差"的原因是平衡计分卡本身的问题还是平衡计分卡应用的环境问题。

诚然,持续发展和基业长青的压力使平衡管理成为必然的战略理念。但是每个企业的战略不可能是同质的,战略及其实施也是多层次的,现有的分析框架和工具仅仅部分地阐述了它的复杂性。战略的实施路径也肯定不同,这也就说明进行战略平衡管理的工具肯定是多样化的。没有一种能够"放之四海而皆准"的战略管理工具。而且,战略平衡管理不是一套静止、唯一的框架,而是动态、多元化的框架。总揽理论上的各种分析工具,不能盲目推崇平衡计分卡，应该保持必要的职业清醒和科学理性，必须关注如下要点：

（1）立足企业的关键成功因素，选择确定平衡分析的各个维度。平衡计分卡中四个维度与公司价值管理及其主要变量（如自由现金流量、资本成本、持续经营期）等之间缺乏必要的逻辑联系。提升价值是公司目标和战略决策的基点，而顾客、内部流程、学习成长等非财务维度只是经营战略的手段，绝不是目标，也不见得是所有企业的关键成功因素。这一点我们不能"本末倒置"。而且平衡计分卡明显缺乏对风险的必要关注，在逻辑上规避了风险对股东价值的重大影响。

（2）设计战略平衡管理的基本任务就是将组织整体战略目标分解为更为具体的、可执行的、易于衡量的具体行动目标。无论是平衡计分卡及其倡导的战略执行图，还是绩效棱柱，都只是全面勾画出企业战略目标与企业能力、业务活动目标之间逻辑关系的一个框架图，它是一种自上而下的战略描述方式，不同的企业应根据自己的战略或目标来绘制相应的执行图，以明确企业各项业务与目标之间的逻辑关系。这种探索可能需要不断更新，没有完结。

（3）分析指标不能仅仅局限于财务指标，但是非财务指标也必须量化。"难以评测的东西就是难以管理的东西"，这些难以计量的东西过多也就必然难以正确引导经理和员工行为。尽管众所周知，一个公司组织的关键成功因素和战略驱动力，如人力资本、研究与开发的价值、客户终身价值、品牌效用和创新力等的"价值"与"绩效"在度量上是十分困难的。然而，我们所提出和使用的战略平衡管理工具，必须为我们洞察公司战略管理、业绩评估的"度量"难题和面对现实的挑战提供一个有效的、系统的分析框架，而且这种系统应该是一个 PDCA 闭环系统。

（4）战略平衡管理工具像平衡计分卡一样只关注业绩指标的选择和平衡，没有涉及各指标目标值的确定方法，即没有回答"如何进行平衡"的问题。尽管卡普兰和诺顿教授也提出了将平衡计分卡与传统的预算系统相结合，以达到通过平衡计分卡来配置资源的目的。实施战略规划与全面预算管理，旨在通过与战略密切相关的指标将组织的战略意图导入其不同层级以保障战略被正确的领会并得以贯彻，不仅关注财务因素和单一决策变量，同时强调非财务因素和多变量的分析，强调执行力，夯实有效战略的形成和战略的有效实施。

（根据原载于2006年《新理财》第7期"多些理性，少些盲从：多角度审视平衡计分卡（BSC）"文章改写）